1일 1장으로 완벽 대비

JLPT N2

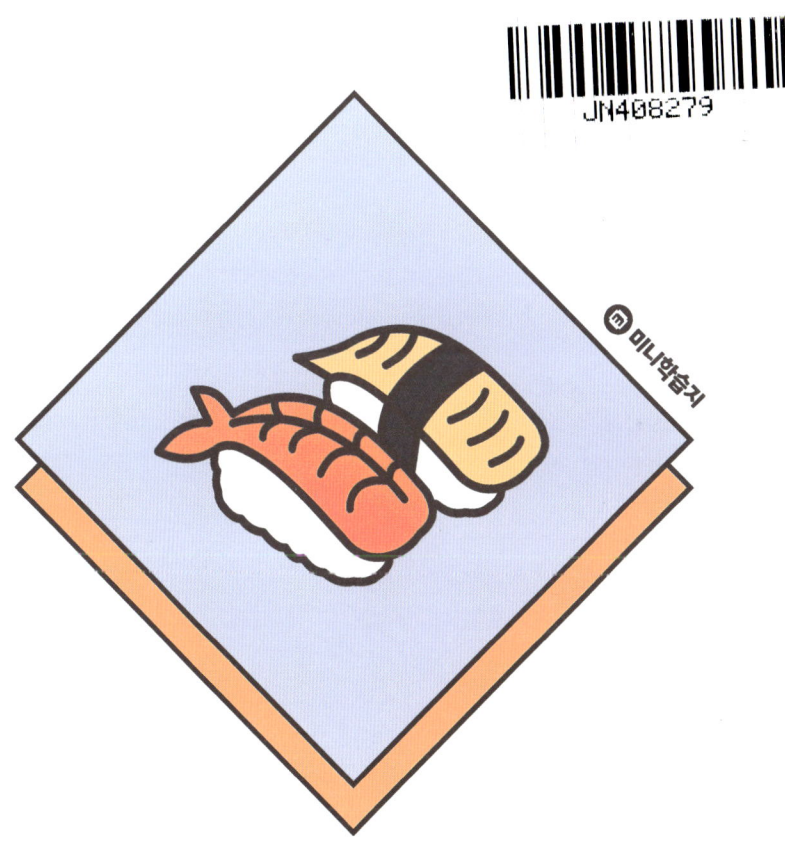

독해편 · 청해편

목차 — 독해편

DAY 01	단문 공략	4
DAY 02	단문 읽기 ①	6
DAY 03	단문 읽기 ②	8
DAY 04	단문 읽기 ③	10
DAY 05	중간 점검 ①	12
DAY 06	중문 공략	14
DAY 07	중문 읽기 ①	16
DAY 08	중문 읽기 ②	18
DAY 09	중문 읽기 ③	20
DAY 10	중간 점검 ②	22
DAY 11	통합 이해 공략	24
DAY 12	통합 이해 읽기 ①	26
DAY 13	통합 이해 읽기 ②	28
DAY 14	통합 이해 읽기 ③	30
DAY 15	중간 점검 ③	32
DAY 16	장문 공략	34
DAY 17	장문 읽기 ①	36
DAY 18	장문 읽기 ②	38
DAY 19	장문 읽기 ③	40
DAY 20	중간 점검 ④	42
DAY 21	정보 검색 공략	44
DAY 22	정보 검색 읽기 ①	46
DAY 23	정보 검색 읽기 ②	50
DAY 24	정보 검색 읽기 ③	54
DAY 25	중간 점검 ⑤	58
DAY 26	내용 이해 – 단문	60
DAY 27	내용 이해 – 중문	62
DAY 28	통합 이해	64
DAY 29	주장 이해 – 장문	68
DAY 30	정보 검색	72
정답	독해편	138

청해편

DAY 01	과제 이해 공략	78
DAY 02	과제 이해 파악하기 ①	80
DAY 03	과제 이해 파악하기 ②	82
DAY 04	과제 이해 파악하기 ③	84
DAY 05	중간 점검 ①	86
DAY 06	포인트 이해 공략	88
DAY 07	포인트 이해 파악하기 ①	90
DAY 08	포인트 이해 파악하기 ②	92
DAY 09	포인트 이해 파악하기 ③	94
DAY 10	중간 점검 ②	96
DAY 11	개요 이해 공략	98
DAY 12	개요 이해 파악하기 ①	100
DAY 13	개요 이해 파악하기 ②	102
DAY 14	개요 이해 파악하기 ③	104
DAY 15	중간 점검 ③	106
DAY 16	즉시 응답 공략	108
DAY 17	즉시 응답 파악하기 ①	110
DAY 18	즉시 응답 파악하기 ②	112
DAY 19	즉시 응답 파악하기 ③	114
DAY 20	중간 점검 ④	116
DAY 21	통합 이해 공략	118
DAY 22	통합 이해 파악하기 ①	120
DAY 23	통합 이해 파악하기 ②	122
DAY 24	통합 이해 파악하기 ③	124
DAY 25	중간 점검 ⑤	126
DAY 26	과제 이해	128
DAY 27	포인트 이해	130
DAY 28	개요 이해	132
DAY 29	즉시 응답	134
DAY 30	통합 이해	136
정답	청해편	152

DAY 01  독해체크 단문 공략

내용 이해 - 단문

1 지문의 특징

   - 지문 길이: 200자 내외
   - 지문 종류: 수필, 설명문, 회사생활에 관련한 실생활 지문 위주
   - 문제 유형: 필자의 주장 찾기, 내용 일치
   - 지문 및 문제 수: 1지문 1문제, 총 5개 지문 출제

2 문제 공략법

   - 문제의 의도 파악하기
   - 본문과 선택지에서 키워드와 중심문 찾기
   - 문제 유형에 맞춰, 선택지와 일치하는 부분 찾기

   • **필자의 주장 찾기:** 필자의 생각을 나타내는 중심문을 찾은 후, 선택지에서 일치 여부 확인
   • **내용 일치:** 선택지에서 키워드를 고른 후, 본문에서 키워드와 일치하는 부분을 빠르게 읽으며 대조하기

3 예상 질문

   • 筆者の考えに合うのはどれか。
   • 文章の内容と合っているものはどれか。
   • それとあるが、なにか。
   • ○○とあるが、なぜか。

다음 글을 읽고 질문에 답하세요.

　スポーツに「ルール」はなぜあるのでしょうか？
　スポーツは「楽しむ」ためのものであり、そのためには「安全」で「公平」である必要があります。ルールはそれを守るためにあるもので、決して「勝つ」ことが目的ではないのです。逆に言うと、「勝つ」ためだけを考えて作ったルールは要らないものであって、それだけが目的となったなら、それはもうスポーツとしての価値がなくなったのと同じです。

1　筆者の考えに合うものはどれか。

① ルールは勝つためにあるものだ。
② スポーツはルールがなくても楽しめる。
③ ルールは、スポーツを安全で公平に楽しむためのものだ。
④ ルールは、スポーツとしての価値を作り出すためにある。

2　文章の内容と合っているものはどれか。

① スポーツは、勝つことに価値がある。
② スポーツにルールはなくてもいい。
③ スポーツのルールは、勝つためにある。
④ ルールは、スポーツを安全で公平に楽しませるためにある。

DAY 02　독해체크　단문 읽기 ①

오늘의 글

　何事も慣れることが大事だ。たとえば、私は今、タイという東南アジアの国に住んでいるが、ここにはパクチーという香辛料がある。最初はどうしても食べられなかったが、すっかりタイに慣れた今は、パクチーが入っていないと、なんだか物足りない気持ちになる。

　運動も同じで、慣れるまでは続けることが大変だが、いざ慣れてくると、運動の楽しさが分かってやめられなくなる。だから、今、辛くとも慣れるまで諦めず続けることが大事なのだ。

오늘의 어휘

パクチー	고수
香辛料	향신료
いざ	막상, 정작

오늘의 글을 읽고, 다음 질문에 답하세요.

1 筆者の考えに合うのはどれか。

① パクチーも、食べていたら慣れるものだ。

② パクチーを食べてから運動した方がいい。

③ 辛くてもこつこつと運動に慣れることが大事だ。

④ あまりにも辛ければ、慣れるまで我慢しなくてもいい。

2 筆者はなぜ<u>何事も慣れることが大事</u>だと言っているか。

① 慣れると、それの楽しさが分かるから。

② 慣れると、パクチーのおいしさが分かるから。

③ 慣れると、諦めなくなるから。

④ 慣れると、運動するようになるから。

3 本文の内容と合っているものはどれか。

① パクチーは、東アジアで人気がある香辛料だ。

② 筆者は、最初からパクチーが大好きだった。

③ 筆者は、諦めず続けることの重要さについて話している。

④ 運動は、慣れる前も楽しくできる。

DAY 03 독해체크 단문 읽기 ②

오늘의 글

2018年8月1日

社員各位

総務部

冷房使用に関するお願い

　本格的な夏を迎え、冷房の使用が急増しています。7月の電気代は、前年度同月に比べ30％増となりました。なお、冷房により室内温度が急激に下がったことで、冷房病の症状を訴える方々も増えてきました。

　そこで、当社では、節電と冷房病の防止のため、本日から室内温度の設定を、27度とします。なお、使わない場所や退社の際の冷房の切り忘れがないよう、くれぐれも気をつけてください。

　また、本日から9月15日の間、半袖のシャツおよびノーネクタイが可能となります。皆様のご協力をお願いいたします。

오늘의 어휘

各位	여러분	節電	절전
冷房	냉방	防止	방지
急増	급증	退社	퇴근
～増	~만큼 늘어남, 증가함	冷房を効く	냉방장치를 켜서 시원하게 온도를 유지하다
冷房病	냉방병	耐える	견디다

오늘의 글을 읽고, 다음 질문에 답하세요.

1 この文を書いた、一番の目的は何か。

① 冷房の使用を減らす工夫について意見を求める。

② 冷房を使用せず、我慢することを求める。

③ 冷房の代わりに、暑くない服装で出勤することを求める。

④ 冷房を無駄に使用しないことを求める。

2 この案内文の内容として正しいものはどれか。

① 今年の7月の電気代は、前年度に比べて30％減った。

② 8月から室内温度を27度とする。

③ 社員の中で、冷房病(れいぼうびょう)にかかった人は少ない。

④ 半袖のシャツとノーネクタイは、8月いっぱいまでできる。

3 なぜ半袖のシャツおよびノーネクタイが可能となったのか。

① 冷房を効かせすぎなくても、暑さに耐(た)えられるようにするため

② 冷房を使用せず、服装で調整させるため

③ 冷房の温度を変更しないようにするため

④ 電気代の節約のため

DAY 04 독해체크 단문 읽기 ③

오늘의 글

　日本人が好きなおかずの3位にはいつもランクインする豚の生姜焼き。とてもおいしいばかりか、作り方も簡単で、人気が高い。おいしい豚の生姜焼きを作る方法は次のようだ。①すりおろした生姜大さじ1、醤油大さじ2、みりん大さじ1、砂糖大さじ1を混ぜ、たれを作っておく。②薄く切った豚ロースを、フライパンで軽く焼く。火加減は中火が望ましい。③焼いたお肉の上に先に作っておいた①をかけ、汁がなくなるまで中火で炒める。④出来上がったらお皿に移し、細かく切ったキャベツをお皿に載せる。これで、あなたもおいしい豚の生姜焼きが作れるはずだ。

오늘의 어휘

おかず	반찬	たれ	소스, 양념장
生姜	생강	火加減	불의 세기
～焼き	~을/를 이용한 구이	汁	국물, 육즙
すりおろす	갈다	炒める	볶다
大さじ	큰술	載せる	싣다, 접시에 얹다

오늘의 글을 읽고, 다음 질문에 답하세요.

1　この文を書いた、一番の目的は何か。

① 豚の生姜焼きのレシピを教えること

② 豚の生姜焼きに対する日本人の愛情を説明すること

③ おいしい豚の生姜焼きの店を紹介すること

④ 日本人が好きなおかずを紹介すること

2　内容に合っているものはどれか。

① 豚の生姜焼きを作る時、火加減は強火がいい。

② 生姜は大さじ２が必要だ。

③ お肉は焼かなくてもいい。

④ 生姜焼きのたれには、生姜、醤油、みりん、砂糖が必要だ。

3　なぜ豚の生姜焼きは<u>人気が高い</u>というのか。

① 作り方は複雑だが、おいしいため

② 作り方も簡単で、味もいいため

③ たれを作れば、いつでも食べられるため

④ 子どもも作れるほど簡単なため

다음 문장을 읽고 질문에 답하세요.

　最近、ノンアルコールビールが流行っている。ノンアルコールビールとはアルコール度数1%未満の、ビールテイスト飲料のことだ。アルコールがあまり含まれていないため、飲酒運転の心配もなく、お酒が飲めない人でも飲み会を楽しむことができるので人気があるという。それに、アルコールによる臓器(注1)への負担もなく、とりわけ若い女性を中心に人気が高まっているようだ。これにより、最近はどこの酒類製造会社でも競争的にノンアルコールビールを出している。

(注1) 臓器：장기

1　内容に合っているものはどれか。

① ノンアルコールビールの人気は、ここ最近減っている一方だ。

② ノンアルコールビールは、アルコールが1%未満だ。

③ ノンアルコールビールは、若い女性がターゲットだ。

④ ノンアルコールビールを飲んでも、車は運転してはいけない。

息子の大学の卒業式に先立って、スーツを買いに行った時のことです。店内にはいろいろなポスターが貼ってありましたが、中でも私の目を引いたのは、卒業旅行のポスターでした。旅行先としては、近くは台湾や中国、韓国もあれば、遠くはヨーロッパの国々やアメリカ、カナダなどもありました。私の大学時代には、卒業旅行といってもせいぜい沖縄くらいで、それもなかなか行けなかったものですが、今の大学生たちは、早くも世界の様々な文化が楽しめるんだなと思ったら、うらやましくなりました。

(注1) せいぜい : 기껏해야, 고작

2　筆者がうらやましくなりましたと思った理由は何か。

① 学生時代に世界の様々な文化が経験できるから

② 自分の学生時代とは違うから

③ 長期間旅行に行けるから

④ アメリカやカナダにも安く行けるようになったから

DAY 06 독해체크 중문 공략

내용 이해-중문

1. 지문의 특징
   - 지문 길이: 500자 내외
   - 지문 종류: 평론, 해설, 수필
   - 문제 유형: 필자의 주장 찾기, 내용 일치, 밑줄 친 부분(지시어)의 의미 찾기, 인과관계 및 이유 찾기
   - 지문 및 문제 수: 1지문 3문제, 총 3개 지문 출제

2. 문제 공략법
   - 문제를 먼저 읽고, 각 문제의 의도 파악하기
   - 문제 유형에 맞춰, 필요한 부분만 읽기

   - **필자의 주장 찾기:** 필자의 생각을 나타내는 중심문을 찾은 후, 선택지에서 일치 여부 확인
   - **내용 일치:** 선택지에서 키워드를 고른 후, 본문에서 키워드와 일치하는 부분을 빠르게 읽으며 대조하기
   - **밑줄 친 부분의 의미 찾기:** 밑줄 친 부분이 가리키는 것이 무엇인지 내용을 빠르게 파악하기
   - **인과관계 및 이유 찾기:** 앞뒤 문맥을 파악하면서 인과관계를 빠르게 정리하기

3. 예상 질문

   - 「○○」について、筆者はどう述べているか。
   - (○○について)筆者の考えと合っているものはどれか。
   - 筆者によると、○○とはどのようなことか。
   - ○○とは、どのようなことか。

다음 글을 읽고 질문에 답하세요.

　人間に似たロボットを作りたいというのは、科学者の長年の夢です。科学はそのために発展したといってもいいくらいです。人間に似て、人間とコミュニケーションができて、また人間を手伝ってくれる存在。どうして私たちは、そんな存在にここまでこだわるのでしょうか。

　それはおそらく、私たち人間が誕生してからずっと考え続けてきた、「存在の意義」と関係があるでしょう。私たちはいつも、自分のことを完璧に理解してくれて、そして頼りになる誰かを探し続けています。そして、できればその存在に、いつまでもずっとそばにいてほしいと思っています。

　そんな意味では、ロボットほどそれに当てはまるものはないです。いつまでもそばにいてくれる、私と似ていて、私を完璧に理解してくれる存在ですからね。ある意味では、ロボット開発のための技術力がここまで発展できたのは、人間の「寂しさ」のおかげかもしれませんね。

1　筆者によると、人間がロボット開発に力を入れている理由は何か。

① ロボットがあると、人間社会がもっと便利で楽になるから

② ロボットがあると、人間の頼りになるから

③ ロボットがあると、他の国よりも発展できるから

④ ロボットがあると、科学技術が発展できるから

2　筆者によると、「存在の意義」とは何か。

① 自分とは何かを常に考えている。

② 自分とコミュニケーションできる相手を探している。

③ 自分の役に立つ相手を探している。

④ 自分の完璧な理解者を求めている。

DAY 07 독해체크 중문 읽기 ①

오늘의 글

　フリーランサーとして働いて、よく耳にする言葉が、「フリーランサーだから、誰にも束縛されず、楽に仕事できるでしょう？ストレスもなくていいだろうな。」です。しかし、実は、フリーランサーだからこそ、人間関係や束縛に悩まされてしまうのです。

　フリーランサーは、確かに決まった会社に属していたりはしません。つまり決まった時間に出勤しなければならないものでもないですし、遅刻なんかもないです。ある意味では時間的な余裕こそありますが、逆に言うと、すべての時間管理を自分でしなければならないということです。ダブルチェックをしてくれる同僚もいないですし、締め切りを決めてくれる上司もいないです。すなわち、仕事に対する責任が、一般の会社員よりも重たい、ということです。

오늘의 어휘

フリーランサー	프리랜서
束縛(そくばく)	속박
ダブルチェック	더블 체크

오늘의 글을 읽고, 다음 질문에 답하세요.

확인 문제

1 「フリーランサー」について、**筆者はどう述べているか。**

① 時間的な余裕があって、ストレスもない、いい仕事だ。

② 見た目とは違って、いろいろ大変なことが多い。

③ 締め切りを決めてくれる人がいる。

④ 誰かとダブルチェックすることができる。

2 筆者によると、フリーランサーにはどんな大変さがあるか。

① 決まった会社に属していないこと

② すべての時間管理を他人に任せなければならないこと

③ 同僚がいないこと

④ 仕事に対する責任が重たいということ

3 なぜ仕事に対する責任が、一般の会社員よりも重たい、ということですというのか。

① すべての時間管理を自分でしなければならないため

② 時間的に余裕があるため

③ 束縛_{そくばく}されているため

④ 人間関係に悩まされないため

DAY 08 독해체크   중문 읽기 ②

오늘의 글

　それにフリーランサーは、顧客との関係があまりにも近すぎます。そのため、たまにはこちらの事情もかまわず仕事を依頼してくる顧客にも対応しなければなりません。また、顧客との関係が悪くなると、次の仕事がもらえない可能性もありますので、常に顧客管理に力を入れなければなりません。私の周りにも、このような顧客との人間関係で悩みを抱えているフリーランサーの人はたくさんいます。また、仕事の量が一定じゃないので、収入も不安定です。

　人はみな、「ないものねだり」で、自分が経験していないことについては軽く考えてしまう傾向があります。しかし、実はみな、それぞれの大変さを抱えているということが分かれば、もっと互いのことが理解できるのではないでしょうか。

오늘의 어휘

顧客	고객	ないものねだり	없는 것을 바라는 마음, 남의 떡이 커 보인다
常に	항상	傾向	경향
力を入れる	힘을 쓰다	追求	추구

오늘의 글을 읽고, 다음 질문에 답하세요.

1 顧客との関係があまりにも近すぎますとあるが、それにより起こる問題は何か。

① 顧客との関係が悪くなると、仕事ができなくなること
② 顧客がフリーランサーの事情を考えて仕事を依頼してくること
③ 仕事の量が一定じゃないので、収入が不安定なこと
④ 顧客管理に力を入れなくてもいいこと

2 内容に合っているものはどれか。

① フリーランサーは、安定的な仕事ができる。
② フリーランサーは、顧客管理をしなくてもいい。
③ フリーランサーは、人間関係に悩まなくてもいい。
④ フリーランサーは、不安定な要素が多くて大変だ。

3 筆者によると、「ないものねだり」とはどのようなことか。

① 自分より仕事ができる人をうらやましがること
② 自分が経験していないことについて軽く考えて判断すること
③ 相手の大変さを考えないこと
④ 安定より不安定さを追求すること

DAY 09 독해체크 중문 읽기 ③

오늘의 글

　フリーランサーとして働いて、よく耳にする言葉が、「フリーランサーだから、誰にも束縛（そくばく）されず、楽に仕事できるでしょう？ストレスもなくていいだろうな。」です。しかし、実は、フリーランサーだからこそ、<u>人間関係や束縛（そくばく）に悩まされてしまうの</u>です。

　フリーランサーは、確かに決まった会社に属していたりはしません。つまり決まった時間に出勤しなければならないものでもないですし、遅刻なんかもないです。ある意味では時間的な余裕こそありますが、逆に言うと、すべての時間管理を自分でしなければならないということです。ダブルチェックをしてくれる同僚もいないですし、締め切りを決めてくれる上司もいないです。すなわち、仕事に対する責任が、一般の会社員よりも重たい、ということです。

　それにフリーランサーは、顧客（こきゃく）との関係があまりにも近すぎます。そのため、たまにはこちらの事情もかまわず仕事を依頼してくる顧客（こきゃく）にも対応しなければなりません。また、顧客（こきゃく）との関係が悪くなると、次の仕事がもらえない可能性もありますので、常に顧客（こきゃく）管理に力を入れなければなりません。私の周りにも、<u>このような顧客（こきゃく）との人間関係で悩みを抱えているフリーランサー</u>の人はたくさんいます。また、仕事の量が一定じゃないので、収入も不安定です。

　人はみな、「ないものねだり」で、自分が経験していないことについては軽く考えてしまう傾向があります。しかし、実はみな、それぞれの大変さを抱えているということが分かれば、もっと互いのことが理解できるのではないでしょうか。

오늘의 글을 읽고, 다음 질문에 답하세요.

1 人間関係や束縛(そくばく)に悩まされてしまうのですとあるが、なぜか。

① 自分で仕事や顧客(こきゃく)との人間関係をすべて管理しなければならないため

② 自分が好きな時間に、好きな人と仕事ができるため

③ 仕事の量が一定じゃないことにより、収入が不安定なため

④ 同僚がいなくて寂しいため

2 このような顧客(こきゃく)との人間関係とあるが、どのようなことか。

① 仕事の量が一定じゃないこと
② 顧客(こきゃく)管理をしなければ、仕事がもらえないかもしれないこと
③ 顧客(こきゃく)と一定の関係が保てること
④ 顧客(こきゃく)と直接つながらなくてもいいこと

3 筆者の考えとして合っているものはどれか。

① フリーランサーより、会社員がいい。

② フリーランサーが、会社員よりいい。

③ お互いの大変さを分かって、理解しよう。

④ 顧客(こきゃく)管理をしっかりしよう。

DAY 10　단원 정리　중간 점검 ②

다음 글을 읽고, 질문에 답하세요.

　最近、マスコミでよく「乱れた日本語」を問題視する声が出ている。「乱れた日本語」とは、例えば可能表現の「ら」を抜いて言う「ら抜き言葉」のように、文法で定められていない表現を使ってしまうことを言う。ある学者は、興奮した声で、「そんな乱れすぎた日本語を使ってしまうと、いつかは日本語の美しさがなくなってしまう！」と熱く語っていた。

　しかし、私はそれはおかしいと思う。そもそも、「言語」も「文法」も、最初から今の形だったのではない。昔々の、例えば平安時代の日本語など、今とは発音も形も違ったし、たった50年前の日本語でさえ、今とは表記から違うこともたくさんある。その時代に生きていた人の立場からすると、「今の日本語」は、それこそ「間違いだらけ」の「乱れた日本語」になるのだ。

　言語は、もともと変化していくもので、もっと人々が発音しやすく、区分しやすい方へ変わっていくのが当然なものだ。つまり、今は「乱れた」とされている表現でも、あと10年、20年が経つと、どう変わるか誰もわからない。だから、あまりにも「正しい」日本語には、こだわらなくてもいいと思う。

(注1) 乱れる：흐트러지다
(注2) 定める：정하다
(注3) 興奮する：흥분하다
(注4) 平安時代：헤이안 시대(일본의 고대 시대)

1 「乱れた日本語」について、筆者はどのように述べているか。

① 「乱れた日本語」というのはおかしい。
② 主に学主同士で使われている。
③ 「乱れた日本語」の意味が変化している。
④ 平安時代の言葉が一番きれいだ。

2 筆者の考えと合っているものはどれか。

① きれいな日本語を守るためにも、「乱れた日本語」をなくすべきだ。
② 言語は変化するものなので、「正しい日本語」にこだわらなくてもいい。
③ 「今の日本語」は、昔からつながっていたものだ。
④ これからもどんどん日本語は乱れていく。

3 「乱れた日本語」とは何か。

① 教科書と全く同じ表現を使うこと
② 可能表現の「ら」をきちんと言うこと
③ 美しくない日本語のこと
④ 文法で定められた表現を使わないこと

 **독해체크** 통합 이해 공략

통합 이해

1 지문의 특징

- 지문 길이: A, B 합쳐 600자 내외
- 지문 종류: 수필, 논설, 상담 등
- 문제 유형: 공통 주제 찾기, 공통 주제에 대한 각자의 생각(입장) 찾기, 공통 주제에 대해 언급된 것(언급되지 않은 것) 찾기 등
- 문제 수: 1지문 2문제, 총 1개 지문 출제

2 문제 공략법

- 문제와 선택지를 먼저 읽고, 문제의 의도와 키워드를 파악하기
- 문제의 의도와 키워드에 맞춰서 글의 주제와 주제에 대한 A, B 글의 의견(중심문) 찾기
- 문제의 의도에 맞춰 A, B의 논리 전개 대조하기

3 예상 질문

- ○○について、AとBはどのように述べているか。
- 次のうち、AとBの説明として正しいものを選びなさい。
- AとBの文章ともに共通しているものを選びなさい。
- AでもBでも述べられているものはどれか。
- ○○について、AとBはそれぞれどのような立場を取っているか。
- ○○について正しいものはどれか。

다음 글을 읽고 질문에 답하세요.

A

最近、「〜になります」や、「〜でよろしかったでしょうか」などの「間違った敬語」がよく使われている。ファミリーレストランやコンビニでそういった言葉を聞くたび、どうしようもない違和感を持ってしまう。言葉は、もっと正しく、そして丁寧に使ってほしいと思う。

B

敬語も変化しつつある。中にはそういう変化を「間違った」とする人もいるのだが、私はむしろ「やさしさ」を表に出した結果だと考えている。もちろん最初聞いた時違和感を持たなかったとしたら嘘だが、客にもっと優しく、親切に聞こえるようにするため工夫していたんだと思ったら、なんだか心が温まったのだ。

1 本文の内容として合っているものを選びなさい。

① AもBも、敬語はきれいに使った方がいいと述べている。
② Aは、正しい敬語を使うように述べており、Bは、敬語の変化は客を考える心によるものだと述べている。
③ Aは、敬語も変化していると述べており、Bは、敬語の変化はよくないと述べている。
④ AもBも、若者の敬語の使い方について話している。

2 本文の内容として間違っているものを選びなさい。

① 最近の敬語の変化には違和感を持つが、客への優しさだと考える。
② 間違った形ではなく、きちんと丁寧で正しい敬語を使ってほしい。
③ 最近の敬語の変化に違和感を持たない。
④ ファミリーレストランやコンビニなどでよく使われる敬語には違和感を持つ。

DAY 12 독해체크 통합 이해 읽기 ①

오늘의 글

A

　小学校教育における英語教育に関しては、今でも様々な意見が出ているが、私は、できれば小学校から英語を勉強させるべきだと考えている。

　世界のグローバル化は日々進んでおり、これからは、世界の人と競争していく社会になっていくだろう。こういったグローバル社会で私たち日本人が生き残り、グローバル社会で活躍する人材を育てるためには、英語力は必ず必要となる。しかし英語というものは、日本語と文法から語順まで違うので、大人になってから学ぶにはだいぶ苦労がある。

　だから、英語力を上達させるには習得の速い子どもの頃から英語に慣れるようにして、そこから基礎的な英語力をしっかり身につけさせるべきだ。そういう意味で、小学校における英語教育は、もう欠かせないものだと考える。

오늘의 어휘

こういった	이러한
生き残る	살아남다
語順	어순
習得	습득

오늘의 글을 읽고, 다음 질문에 답하세요.

1 本文の内容と合っているものは何か。

① 小学校教育における英語教育については、あまり意見が出ていない。

② グローバル化がますます進んでいる。

③ 英語はグローバル社会の主な言語ではない。

④ 小学校において、英語教育は義務となった。

2 Aの立場として合っているものを選びなさい。

① 小学校からの英語教育について否定的(ひていてき)な意見を述べている。

② グローバル社会で生き残る方法について述べている。

③ 小学校からの英語教育の重要性について述べている。

④ 英語教育を始める時期について述べている。

3 小学校における英語教育について、Aはどのように考えているか。

① 子どもの頃から英語を勉強させるべきではない。

② グローバル化に慣れていくべきだ。

③ 大人になってから英語を正しく学ぶべきだ。

④ 子どもの頃から英語を勉強させ、国際社会で活躍できる人材を育てるべきだ。

DAY 13   독해체크 통합 이해 읽기 ②

오늘의 글

B

　最近、小学校から英語を勉強させようという意見が高まっています。確かに、グローバル社会で生きていくためには、英語力が欠かせないです。とはいえ小学生に英語を教えるのは、言語の上達という側面から、あまり望ましくないのです。

　小学生はまだ、母国語である日本語さえしっかり身につけていません。それで、思考力（しこうりょく）と密接な関係がある言語表現力もまだ完璧ではありません。それなのに、いきなり子どもに英語を押し付けると、子どもは日本語と全く違う英語の体系（たいけい）に困るだけで、言語表現力や思考力（しこうりょく）の発達からは遠ざかってしまうのです。

　だから、その間は英語を押し付けるのではなく、子どもの言語表現力と思考力（しこうりょく）が発達するように見守っていく時期だと思います。英語は、自分で日本語との違いが分かり、英語でも十分言語として表現できるようになってから勉強しても遅くありません。

오늘의 어휘

側面	측면	体系（たいけい）	체계
母国語	모국어	遠ざかる	멀어지다
思考力（しこうりょく）	사고력	無駄（むだ）だ	쓸데없다, 효력이 없다
押し付ける	강요하다		

오늘의 글을 읽고, 다음 질문에 답하세요.

1 本文の内容と合わないものは何か。

① 小学校からの英語学習に関する意見が高まっている。

② グローバル社会で英語は必要だ。

③ 小学生はすでに完璧な母国語能力を持っている。

④ 小学生時代は、母国語能力をしっかり身につけるべきだ。

2 小学校における英語教育について、Bはどのような立場を取っているか。

① 小学校における英語教育について否定的(ひていてき)に述べている。

② 小学校における英語教育について肯定的(こうていてき)に述べている。

③ 小学校における英語教育は、無駄(むだ)なことだと述べている。

④ 思考力(しこうりょく)と表現力の発達のために、英語教育を行うべきだと述べている。

3 小学校における英語教育について、Bの考えは何か。

① 小学生に英語を勉強させるべきではない。

② グローバル社会で生きていくためにも、英語教育は必要だ。

③ 大人になってから英語を正しく学ぶべきだ。

④ 子どもの頃から英語を勉強させ、国際社会で活躍できる人材を育てるべきだ。

오늘의 글

A

　小学校教育における英語教育に関しては、今でも様々な意見が出ているが、私は、できれば小学校から英語を勉強させるべきだと考えている。

　世界のグローバル化は日々進んでおり、これからは、世界の人と競争していく社会になっていくだろう。こういったグローバル社会で私たち日本人が生き残り、グローバル社会で活躍する人材を育てるためには、英語力は必ず必要となる。しかし英語というものは、日本語と文法から語順まで違うので、大人になってから学ぶにはだいぶ苦労がある。

　だから、英語力を上達させるには習得の速い子どもの頃から英語に慣れるようにして、そこから基礎的な英語力をしっかり身につけさせるべきだ。そういう意味で、小学校における英語教育は、もう欠かせないものだと考える。

B

　最近、小学校から英語を勉強させようという意見が高まっています。確かに、グローバル社会で生きていくためには、英語力が欠かせないです。とはいえ小学生に英語を教えるのは、言語の上達という側面から、あまり望ましくないのです。

　小学生はまだ、母国語である日本語さえしっかり身につけていません。それで、思考力(しこうりょく)と密接な関係がある言語表現力もまだ完璧ではありません。それなのに、いきなり子どもに英語を押し付けると、子どもは日本語と全く違う英語の体系に困るだけで、言語表現力や思考力(しこうりょく)の発達からは遠ざかってしまうのです。

　だから、その間は英語を押し付けるのではなく、子どもの言語表現力と思考力(しこうりょく)が発達するように見守っていく時期だと思います。英語は、自分で日本語との違いが分かり、英語でも十分言語として表現できるようになってから勉強しても遅くありません。

오늘의 글을 읽고, 다음 질문에 답하세요.

1 本文の内容と合わないものを選びなさい。

① 子どもは、まだ言語表現力が完璧ではない。

② 大人になってから英語を勉強すると苦労する。

③ 小学生の時から英語を勉強させるべきだ。

④ グローバル社会だからといって、英語力が必ずしも必要ではない。

2 AとBの文章ともに共通しているものを選びなさい。

① AもBも、グローバル社会で英語力は必要だと述べている。

② AもBも、小学校における英語教育は行うべきだと述べている。

③ AもBも、小学校における英語教育は必要ではないと述べている。

④ AもBも、グローバル社会における人材を育てる方法について述べている。

3 小学校における英語教育について、AとBはどのような立場を取っているか。

① AもBも、小学校における英語教育について否定的に述べている。

② Aは小学校における英語教育に否定的で、Bは肯定的に述べている。

③ Aは小学校における英語教育は必要だと述べており、Bは必要ではないと述べている。

④ A、Bともに、グローバル社会での人材を育てる方法について述べている。

DAY 15　단원 정리　중간 점검 ③

A

　よく知られていることであるが、日本は災害(注1)が多い国である。地震をはじめ、台風や火事など、歴史を振り返ってみても、日本は多くの災害を経験してきた。だから、日本人にとって災害から身を守るということは何よりも大事なことであり、小学生の背負う(注2)ランドセルも、そういった災害から子どもを守るためにできたものである。

　ランドセルは、確かに一般のカバンに比べたら、革(注3)で作られているのでとても重く、背負うにも大変負担がかかる。しかし、クッションの役割をするのでいざ災害が起きた時、落ちてくる破片から自分の頭や身を守ることができる。このようなことからも、ランドセルは子どもの安全のために、必ず必要なものだ。

B

　ランドセルは、子どもの安全のためにもなくしてはいけない、という声がありますが、私にはどうしてもそうは思えないのです。

　確かにランドセルは頑丈です。車にぶつかっても壊れることはあまりありません。ですが、それはランドセルだけで、子どもはよく車にぶつかって大ケガすることが多いです。ランドセルが本当に安全ならば、子どもが事故にあっても、大ケガすることはないはずですが、どうしてか、そういうことは耳にしません。つまり、主張とは違い、あまり子どもの安全の役に立たないということでしょうね。そのくせ重すぎて、ランドセルのせいで腰(注4)を痛める小学生は少なくないようです。

　本当に子どもを考えるならば、災害や事故に対する安全教育をしっかり行って、成長を妨げる(注5)ランドセルの代わりに軽くて持ちやすいカバンにした方がよいのでは、と思ってしまうのは、ある意味しょうがないことですね。

(注1) 災害：재해
(注2) 背負う：짊어지다
(注3) 革：가죽
(注4) 腰：허리
(注5) 妨げる：방해하다

1 次のうち文章A、Bの説明として正しくないものを選びなさい。

① Aはランドセルが安全だと述べている。

② Bはランドセルが必要ないと述べている。

③ A、Bともにランドセルは安全のため必要だと述べている。

④ Aは、災害とランドセルの関係に限定して話している。

2 ランドセルについて、AとBはどのような立場を取っているか。

① AもBもランドセルについて否定的で、負の側面を強調している。

② AもBもランドセルについて肯定的で、それの効用性について述べている。

③ Aはランドセルについて効用性があると述べているが、Bは全くないと述べている。

④ Aはランドセルが子どもの成長を妨げると述べているが、Bは妨げないと述べている。

3 AとBの文章ともに共通しているものを選びなさい。

① ランドセルは重くて背負うのに負担がある。

② ランドセルは軽く、子どもの成長を妨げない。

③ 災害や事故で子どもを守るために、ランドセルは必ず必要だ。

④ ランドセルより、子どもに安全教育をしっかりさせた方がより現実的だ。

DAY 16 📋 독해체크 장문 공략

주장 이해 – 장문

1 지문의 특징

- 지문 길이: 900자 내외
- 지문 종류: 평론, 해설, 수필
- 문제 유형: 필자가 말하는 것의 의미 찾기, 필자의 주장 찾기, 필자가 말하는 것의 요점 찾기
- 지문 및 문제 수: 1지문 3문제, 총 1개 지문 출제

2 문제 공략법

- 문제와 선택지를 먼저 읽고, 문제의 의도와 키워드 파악하기
- 주장을 전개하기 위해 필자가 어떤 단어 또는 개념을 강조하고 있는지 확인하기
- 각 단락의 중심문을 정리하여 포인트 파악하기
- 단락별 중심문을 연결하여 전체 주장 정리하기

3 예상 질문

- ○○とは、どのようなことか。 / ○○の理由として正しいものを選びなさい。
- ○○について、筆者の考えに合うものはどれか。 / 筆者はどのように考えているか。
- ○○は何だと筆者は述べているか。
- 上(本文)の内容と合っているものはどれか。
- 筆者がこの文章で一番言いたいことはどんなことか。

次の文を読んで質問に答えなさい。

　環境汚染により、地球が滅亡する可能性があるとよく言われているが、本当にそうだろうか。地球は今まで46億年以上生きてきた。そして、人間は約350万年ほど前に誕生したと言われる。人間が誕生して今までの間、一回もこんな危機がなかっただろうか？そうではないはずだ。きっと地球は、これまでも多くの滅亡の危機に出会ってきただろう。それでも生き残ったのが地球だから、その命の強さがどれほどかわかるだろう。そういう観点からすると、今の環境汚染に対する人間の態度は、どこか大げさなところがある。もちろん、環境汚染にはなるべく気をつけて、できるだけ地球と人間が共存する方法を探すのは大事だ。とはいえ、こんなにも人を脅かすのは、むしろ逆効果になるだけだろう。

(注1) 滅亡：멸망
(注2) 危機：위기
(注3) 逆効果：역효과

1　①どこか大げさなところがあるとは、何を意味しているか。

① 地球は簡単に滅亡しないのに、人間だけが深刻に考えている。
② 環境汚染に関して、人間はおおらかな態度を取っている。
③ 地球の汚染について、人間はもっと深刻に考えるべきだ。
④ 地球の生命力を信じないで、人間が動く必要がある。

2　筆者が文章で最も言いたいことは何か。

① 地球を守るためにも、もっと環境汚染を防ぐ必要がある。
② 環境汚染について、もっと深刻に取り上げるべきだ。
③ 環境汚染について、よく調べる必要がある。
④ 環境汚染について、人間は心配しすぎている。

DAY 17 독해체크  장문 읽기 ①

오늘의 글

　図書館の利用者数が日々減っていることから、多くの公立図書館が閉館の危機にある。実際に閉館した図書館もいくつかあるようだ。こういった現象が続いている中、利用者数を増やし、安定的運営ができるように図書館でもいろいろな工夫がされている。例えば、ある図書館では、図書館のマルチメディア室を改築し、映画の鑑賞ができるようにした。定期的に映画を上映することで利用者を集め、ついでに面白そうな本を読んだり、借りたりすることを狙いとしているらしい。また、ある図書館では、利用者のリクエストを受けてエンターテインメント性の高い小説や漫画などを備えているという。つまり、最近の図書館は、ただ読書のためのところではなく、総合エンターテインメント施設となったと言えるのだ。

오늘의 어휘

閉館	폐관	定期的	정기적
現象	현상	～を狙いとする	~을/를 목적으로 함, 겨냥함
改築	개축	総合	종합
鑑賞	감상	施設	시설

오늘의 글을 읽고, 다음 질문에 답하세요.

1 <u>総合エンターテインメント施設となったと言えるの</u>だとは、どのようなことか。

① 図書館の読書施設としての位置が危なくなっている。

② 図書館は、学問するためのところとして位置を固めている。

③ 図書館は、ただ本を読むだけのところではなく、様々なものが楽しめる空間となっていっている。

④ 図書館は、閉館を避けるために、いろいろ工夫している。

2 この文章では、主に何について述べているか。

① 図書館の役割

② 図書館の閉館の理由

③ 図書館で開かれるイベント

④ 利用者数を増やすための図書館の工夫

3 この文章で、筆者が最も言いたいことは何か。

① 図書館は閉館を避けられなくなった。

② 閉館を避けるために、図書館はいろいろな工夫をするべきだ。

③ 図書館の安定的な運営と利用者数の確保のため、図書館の姿が変化している。

④ 図書館を安定的に運営するために、貸出費用を有料とした。

DAY 18　독해체크　장문 읽기 ②

오늘의 글

　このような図書館の姿勢の変化については、やはり様々な意見が出ている。中でも「入りやすくて楽しいところになったのでうれしい」という意見が最も多いが、たまには「図書館としての機能をしていない」と、批判の声を上げている人々もいる。しかし、私は、彼らこそ、先入観を捨てる必要があるのではないか、と考える。

　確かにこれまでの図書館の役割や存在の目的は、「学問の入り口」であり、勉強や学習のために存在してきた。だからこそ、どこの図書館でも、ただ「楽しさ」だけを追求する本ではなく、何かのトピックに関してしっかり書かれた、真剣な本が揃っており、これまではそれでも十分、存在意義が満たされていたのだ。

　しかし、もう時代は変わった。人は、すでに本を「学問的」な目的だけで読まない。更に、そういう本の意味にもこだわらない。自分が楽しめるほど面白ければそれでその本は役割を果たしていると思い、大事にするのだ。深刻で大げさな意味探しなど、もう誰もしていない。自分が満足できれば、それで十分なのが、今の人々なのだ。

오늘의 어휘

やはり	역시	トピック	토픽, 주제
機能	기능	存在意義	존재 의의
先入観	선입견	意味探し	의미 찾기
学問	학문		

1 筆者が<u>先入観を捨てる必要があるのではないか</u>と考える理由として合っているものを選びなさい。

① 図書館はもともとエンターテインメント的な性格を持っていたから
② 図書館はもう、学問的に機能しないから
③ 人々の本に対する態度や考え方が変わったから
④ 図書館は、すでに学問の入り口として役割を果たしているから

2 この文章では、主に何について述べているか。

① 図書館の変化についての意見
② 図書館の変化についての否定的な意見とそれについての筆者の考え
③ 図書館の役割についての筆者の意見
④ 図書館の性格についての他人の意見

3 この文章で、筆者が最も言いたいことは何か。

① 図書館の役割が変わっている。
② 図書館は今まで通り、学問の入り口として機能するべきだ。
③ 図書館は変化してはいけない。
④ 図書館の変化を肯定的に考えるべきだ。

DAY 19 독해체크 장문 읽기 ③

오늘의 글

　そういった時代の変化に図書館が追いつかないでいては、結果は一つだけで、閉館して歴史の中のものとなることしかない。人なしでは図書館も成り立たないからだ。時代が変化していくとともに、図書館もその姿を変えていくよりほかはない。もっと柔軟に、変化に身を任せて、また人でいっぱいになった活気のある図書館になるのを待った方が、もっと意味あることに相違ないと、私は考えるのだ。

오늘의 어휘

| 身を任せる | 몸을 맡기다 |

1 筆者はなぜ閉館して歴史の中のものとなることしかないと述べているか。

① 図書館を利用する人がいなくなったため

② 人々の認識の変化に追いつかないと、人が利用しなくなるため

③ 図書館はもともと歴史の中のものであるため

④ 図書館は柔軟に変化していくものであるため

2 この文章では、主に何について述べているか。

① 活気のある図書館にする方法

② 図書館が変化していく方向

③ 図書館の利用者を増やす方法

④ これからの図書館のあるべき姿

3 この文章で、筆者が最も言いたいことは何か。

① 時代の変化に合わせて、図書館も変化していくべきだ。

② 図書館は閉館され、歴史のものとなるべきだ。

③ 図書館は、本来の存在意義を守っていくべきだ。

④ 図書館は、時代の変化に左右されるべきではない。

DAY 20 　単元整理　中間点検 ④

　図書館の利用者数が日々減っていることから、多くの公立図書館が閉館の危機にある。実際に閉館した図書館もいくつかあるようだ。こういった現象が続いている中、利用者数を増やし、安定的運営ができるように図書館でもいろいろな工夫がされている。例えば、ある図書館では、図書館のマルチメディア室を改築し、映画の鑑賞ができるようにした。定期的に映画を上映することで利用者を集め、ついでに面白そうな本を読んだり、借りたりすることを狙いとしているらしい。また、ある図書館では、利用者のリクエストを受けてエンターテインメント性の高い小説や漫画などを備えているという。つまり、最近の図書館は、ただ読書のためのところではなく、総合エンターテインメント施設となったと言えるのだ。

　このような図書館の姿勢の変化については、やはり様々な意見が出ている。中でも「入りやすくて楽しいところになったのでうれしい」という意見が最も多いが、たまには「図書館としての機能をしていない」と、批判の声を上げている人々もいる。しかし、私は、彼らこそ、先入観を捨てる必要があるのではないか、と考える。

　確かにこれまでの図書館の役割や存在の目的は、「学問の入り口」であり、勉強や学習のために存在してきた。だからこそ、どこの図書館でも、ただ「楽しさ」だけを追求する本ではなく、何かのトピックに関してしっかり書かれた、真剣な本が揃っており、これまではそれでも十分、存在意義が満たされていたのだ。

　しかし、もう時代は変わった。人は、すでに本を「学問的」な目的だけで読まない。更に、そういう本の意味にもこだわらない。自分が楽しめるほど面白ければそれでその本は役割を果たしていると思い、大事にするのだ。深刻で大げさな意味探しなど、もう誰もしていない。自分が満足できれば、それで十分なのが、今の人々なのだ。

　そういった時代の変化に図書館が追いつかないでいては、結果は一つだけで、閉館して歴史の中のものとなることしかない。人なしでは図書館も成り立たないからだ。時代が変化していくとともに、図書館もその姿を変えていくよりほかはない。もっと柔軟に、変化に身を任せて、また人でいっぱいになった活気のある図書館になるのを待った方が、もっと意味あることに相違ないと、私は考えるのだ。

1　総合エンターテインメント施設となったと言えるのだとは、どのようなことか。

① 図書館は本を読むだけのところではなく、様々なものが楽しめるところになった。

② 図書館は、映画館のようなところになった。

③ 図書館は、従来(じゅうらい)の目的を失った。

④ もう図書館で漫画や小説も読めるようになった。

2　図書館の姿の変化について、筆者の考えに合うのはどれか。

① これまでの図書館の役割や姿を捨ててはいけない。

② 先入観(せんにゅうかん)を捨てて、図書館の変化を受け入れるべきだ。

③ 図書館の本来の存在意義を取り戻すべきだ。

④ 図書館をもっと総合エンターテインメント的なところにするべきだ。

3　この文章で、筆者が最も言いたいことは何か。

① 図書館はもう閉館した方がいい。

② 今の図書館の変化は、図書館の本来の目的と違うので、望ましくない。

③ 図書館の変化は、安定的な運営のためには仕方がない。

④ 時代の変化に伴い、人々が楽しめるところとして図書館も変化していくべきだ。

DAY 21 독해체크 정보 검색 공략

정보 검색

1 지문의 특징
   - 지문 길이: 700자 내외
   - 지문 종류: 광고, 팸플릿, 정보지, 전단지, 비즈니스 문서 등
   - 문제 유형: 조건에 맞는 항목 고르기
   - 지문 및 문제 수: 1지문 2문제, 총 1개 지문 출제

2 문제 공략법
   - 문제와 선택지를 먼저 읽고, 문제에서 제시하는 조건 파악하기
   - 조건에 부합하는 항목만 읽기

3 예상 질문

- ○○さんは、来週☆☆ホテルのビュッフェに行きたいと考えている。

  ○曜日か○曜日の○時～○時の間で、○時間いられるものがいい。

  ○○さんの希望に合うビュッフェ(コース)はどれか。

- □□さんは、今度の○曜日に☆☆ホテルのレストランを予約したい。

  □□さんは窓側のテーブルを予約しようと思っている。□□さんは△△歳だ。

  □□さんの料金はどのようになるか。

京料理レストラン

祇園
ぎ おん

● ランチ　*11:00〜15:00*

　Aコース　5,000円　　Bコース　5,500円　　Cコース　6,500円

● ディナー　*17:00〜21:00*

　Aコース　10,000円　　Bコース　11,000円　　Cコース　12,500円

※シニアの方(65歳以上)は、各コースの値段から10%割引いたします。
※お子様(0歳〜5歳)は、各コースの値段から20%割引いたします。
※個室でのお食事の場合は、コース料金の別途に1,000円のテーブル料金がございます。

1 畑中さんは夫と一緒に「祇園」に行き、個室でランチCコースを利用したい。
　畑中さんは65歳で、夫は62歳である。畑中さん夫婦の料金はどのようになるか。

① 畑中さん6,500円、夫5,850円

② 畑中さん、夫、両方6,500円のみ

③ 畑中さん5,850円、夫6,500円、テーブル料金1,000円

④ 畑中さん6,500円、夫5,850円、テーブル料金1,000円

2 秋元さんは、5歳の子どもと妻と一緒に、「祇園」のディナーAコースを頼みたい。
　秋元さん家族の料金は全部でいくらになるか。

① 28,000円

② 29,000円

③ 30,000円

④ 20,000円

DAY 22　📋 독해체크　정보 검색 읽기 ①

오늘의 글

ご宿泊のお知らせ

グランホテルビア横浜(よこはま)

加藤成亮(かとうしげあき)様

ホ テ ル 名	グランホテルビア横浜(よこはま)
ご 利 用 日	1月4日(水) 〜 1月7日(土) (3泊、1名様、朝食付き)
チェックアウト	1月7日10:00
お 部 屋	10階1001号室
フ ロ ン ト	1階(内線(ないせん)番号1番)
ご 利 用 案 内	お部屋の鍵はチェックインの際、フロントにてお渡しいたします。 チェックアウトの際、鍵をご返却ください。 お部屋には、シャンプー、ボディーソープ、リンス、歯ブラシ、ドライヤーなどを備えております。 喫煙室は1階にございます。
売(ばい)店(てん)	1階　09:00〜22:00
朝 食	1階　「グランビアレストラン」06:00〜08:00 ※チェックアウト後はご利用いただけません。
大(だい)浴(よく)場(じょう)	地下1階　11:00〜23:00 ※チェックアウト後もご利用可能です。ただし、 　貴重品はフロントにお預けください。
夕 食	フレンチレストラン「ボンジュールフランス」18:00〜22:00

1. 加藤さんが1月7日10:00に使えるサービスはどれか。
   1 大浴場
   2 売店
   3 朝食
   4 夕食

2. 施設の利用方法で間違っているのはどれか。
   1 鍵は、フロントで渡す。
   2 チェックアウト後、鍵を返却しなければならない。
   3 喫煙室は地下1階にある。
   4 部屋には、シャワー用品とドライヤーなどがある。

오늘의 어휘

宿泊	숙박	備える	구비하다
朝食	조식	売店	매점
内線	내선	浴場	욕장, 목욕탕
〜にて	~에서		

 **확인 문제**

1 土曜日の20時に岸田コインパーキングに車を駐車し、日曜日の朝7時に車を出した。駐車料金はいくら払えば良いか。

① 4,800円

② 4,200円

③ 4,280円

④ 4,180円

2 前島さんは土曜日の15時に岸田コインパーキングに車を駐車し、20時に出た。プリペイドカードに2,500円ほど残っているとしたら、プリペイドカード以外に払う金額はいくらか。

① 400円

② 1,000円

③ 800円

④ なし

岸田コインパーキング

料金案内

【駐車料金】

基本料金	昼間	20分	200円	（8:00～24:00）
	夜間	60分	200円	（24:00～8:00）
	週末	基本料金+10%		

プリペイドカード	3,000円券(3,500円相当)
	5,000円券(5,500円相当)
	10,000円券(11,000円相当)

【バイク駐車料金】

基本料金	昼間	20分	100円	（8:00～24:00）
	夜間	60分	100円	（24:00～8:00）

| DAY 23 | 독해체크 | 정보 검색 읽기 ② |

오늘의 글

ビストロ・ラ・ボエーム　従業員募集(じゅうぎょういん)

● 正社員(社会保険あり)

勤務時間	8時間勤務(休憩(きゅうけい)時間1時間)、週5日 ① 10:00〜19:00　② 14:00〜23:00 ＊完全シフト制・土日いずれか必ず出勤
給料	月30万円〜
仕事内容	＜ホール＞ お席へのご案内、注文、料理・ドリンクの提供、料理の説明、レジ業務など ＜キッチン＞ 料理材料の準備、調理、キッチン管理など

● パート社員(年齢問わず)

勤務時間	4時間勤務(休憩(きゅうけい)なし)、週3日 ① 10:00〜14:00　② 14:00〜18:00　③ 18:00〜22:00 ＊完全シフト制
給料	時給1,500円 ＊週末勤務ボーナスあり(500円)
仕事内容	＜ホール＞ お席へのご案内、注文、料理・ドリンクの提供、料理の説明、レジ業務など ＜キッチン＞ 料理材料の準備、調理、キッチン管理など

● アルバイト(大学生以上)

勤務時間	4時間〜8時間、週2日以上 ＊時間帯は相談による ＊完全シフト制
給料	給料　時給1,000円 ＊週末勤務ボーナスあり(200円)
仕事内容	＜ホール＞ お席へのご案内、注文、料理・ドリンクの提供、料理の説明、レジ業務など

1. 金子さんは23歳で、フリーターである。平日の昼間に4時間以上、週2〜3日働ける仕事を探している。金子さんが応募できる仕事はどれか。

1　正社員

2　正社員とパート社員

3　パート社員とアルバイト

4　正社員とアルバイト

2. 正しくない情報はどれか。

1　正社員は週末いずれかの日は必ず出勤する。

2　アルバイトの勤務時間は相談により決まる。

3　パート社員は休憩時間がない。

4　正社員は週末出勤するとボーナスがもらえる。

오늘의 어휘

従業員	종업원	給料	급료, 월급
正社員	정사원	レジ	계산대
休憩	휴게	時間帯	시간대

 확인 문제

1 宮本さんは、図書回収サービスに申し込みたい。今日は4/11の月曜日で、図書の返却日は1週間後である。回収サービスの申し込みの締め切りは、何曜日か。

① 来週の水曜日

② 来週の月曜日

③ 今週の日曜日

④ 今週の土曜日

2 回収サービスの手続きの順番として正しいのはどれか。

① 回収申し込み→本人確認→メールを受け取る→回収

② 回収申し込み→メールを受け取る→本人確認→回収

③ 回収申し込み→メールを受け取る→回収→本人確認

④ 回収申し込み→回収→メールを受け取る→本人確認

北区立図書館

図書回収サービスのご案内

北区立図書館から貸出された図書の回収サービスを行います

サービスの申し込みから回収まで

① 図書館ホームページやお電話でサービスを予約する

　⇒ 回収日、回収場所、回収の時間帯を選択

② サービスの準備完了後、電子メールでお知らせ

③ 回収担当者に返却する本を渡して、本人確認欄にサイン

ご利用にあたって

★ 回収サービスの申し込みは、図書の返却日の3日前まで受け付けます。

★ 回収日の変更は、ご予約された日の前日の午前10:00まで受け付けます。

★ ご連絡なしに不在の場合は、回収はできかねます。3回以上連絡なしに不在の場合、サービスのご利用をいただけなくなりますので、ご注意ください。

(注1) 不在:부재

中央区
シニア英会話講座

主催：中央区役所シニア支援課
定員：各講座15名
対象：中央区にお住まいのシニアの方(65歳以上)
日時：2021年4月30日から1年間

講座名	対象	開催曜日	時間	受講料
シニアのためのフォニックス	初めて英語を勉強する方	毎週月、水、金	10:00〜11:00	1,500円
ベーシック英会話	フォニックスが分かる方	毎週火、木、金	10:00〜11:00	2,000円
レベルアップ英会話	中級以上の英会話が必要な方	毎週月、木	13:00〜14:00	2,000円
トラベル英会話	旅行の際必要な英会話が学びたい方	毎週金	13:00〜14:00	2,500円

◆教材費
受講料と別途に、教材費が必要です。教材費は、「シニアのためのフォニックス」が1,500円、その他は2,000円です。教材費は、別途お配りした口座に直接お振込みください。

◆受講上の注意事項
欠席された際の受講料は返金できかねます。また、申請者ご本人ではない場合は、受講することができません。

◆申し込み方法
中央区役所シニア支援課のホームページもしくは窓口で申し込み用紙をお受け取りください。申し込み用紙に、①お名前　②年齢　③ご希望の講座名をご記入の上、提出してください。

1.「シニアのためのフォニックス」講座を受講したい場合、教材費と受講料を合わせていくら払えばいいか。

1　1,500円

2　2,000円

3　2,500円

4　3,000円

2. 案内文と合っているものを選びなさい。

1　欠席する場合は、家族に代わりに出席してもらってもいい。

2　受講料は、授業初日に払う。

3　欠席した場合は、その日の受講料を返金してもらえる。

4　区役所の窓口で申し込む。

오늘의 어휘

フォニックス	파닉스
受講	수강
もしくは	또는, 혹은
初日	첫날

 확인 문제

1 次の募集案内に応募するために、提出するべきのものはどれか。

① 履歴書のみ

② 履歴書とポートフォリオ

③ ポートフォリオのみ

④ 履歴書と個人情報

2 正しい情報はどれか。

① 勤務地は事務所のみである。

② 勤務時間は決まっていない。

③ 住宅やマンションの図面を作成する。

④ 履歴書は郵送もできる。

フリーランサー募集

CAD図面作成 (注1)	社名：浜田(はまだ)建築事務所 仕事内容： 住宅・マンションの図面作成 勤務時間：09:00〜18:00 勤務地： 自宅または事務所出勤の中でお選びいただけます。 給料　月25万〜 注意事項： ポートフォリオ提出 ＊履歴書とともに提出してください。 面接あり 履歴書提出期限： 2020年9月1日〜2020年9月8日まで ＊提出期限を過ぎた履歴書は受け取りません。 提出先： hamada_architect@hamada.com 浜田(はまだ)建築事務所　人事部 ＊履歴書の郵送は受け取りません。

(注1) 図面：도면

1 大会の申し込み方法として正しいものはどれか。

① 申込用紙と作品を一緒にメールで送る。

② 申込用紙のみメールで送る。

③ 申込用紙と作品を一緒に郵送する。

④ 作品のみ郵送する。

2 大会で受賞した場合の商品として正しいのはどれか。

① 大賞を取ると、1万円がもらえ、ホームページに作品が掲示される。

② 優秀賞を取ると、5千円ほどの文房具がもらえ、ホームページに作品が掲示される。

③ 受賞していないと、商品はもらえない。

④ 大賞になると、1万円がもらえる。

こどもエコ美術大会

私たちの地球を守りましょう！

地球環境を守ることをテーマに、皆さんの創造力溢れる作品を集めています。

◆対象
東京都内にお住まいの小学生(小1〜小6)ならだれでも応募できます。

◆大会内容
地球環境と関連する美術作品を提出してください。(材料・素材を問わず)

◆申込方法
- 申込先：東京都庁　子ども支援課　こどもエコ美術大会　担当課
- 申込期限：20XX年5月3日〜20XX年5月31日
- 申込方法：子ども支援課ホームページから申込用紙をダウンロードし、①年齢　②学年　③お名前を記入してください。その後、作品の裏側にお名前を黒のペンで書いて、申込用紙とともに郵送してください。

◆受賞商品
大　　賞	…	1万円相当の文房具やカバンと都庁ホームページに作品掲示
優 秀 賞	…	5千円相当の文房具と都庁ホームページに作品掲示
参 加 賞	…	3千円相当の文房具

 실전 문제　내용 이해 – 단문

　　車や飛行機、または船に乗った時にめまいがして吐き気がすることを、「乗り物酔い」と言います。この乗り物酔いは、視覚情報と他の感覚との違いから発生します。視覚情報は変わらないのに、他の感覚では移動していると感じていますので、それらの違いから脳が混乱し、めまいがしたり吐き気がするのです。もし乗り物酔いが生じた場合は、本、またはスマートフォンなどは避けて、新鮮な空気を吸うようにしましょう。乗り物酔いを防ぐためには、気持ちを安定させるに限ります。

(注1) 〜酔い：乗り物などに乗っている時、めまいがしたり、吐き気がすること
(注2) 新鮮だ：フレッシュだ

1 乗り物酔いについて、正しいのはどれか。

1　視覚情報と他の感覚との違いから生じる。
2　主な症状としては、熱とめまいがある。
3　乗り物酔いがする場合は、本を読んだ方がいい。
4　乗り物酔いには、匂いがするものを食べた方がいい。

다음 글을 읽고, 질문에 답하세요.

　　精神科医者として、患者たちに強調しているのは「日記を書く」ことです。そして、日記を書く際は、できるだけ自分が何についてどう感じたかを詳しく書くようにさせています。そうすることで、私自身も患者の状態を把握することができるのはもちろん、患者も、自分の感情や状況を客観的に受け入れることができるので、冷静な態度で治療に向かうことが可能だからです。このように、日記というのは、ただ自分の思い出を記録するばかりでなく、自分を客観的に見るようにもできるものなのです。

　1　自分が何についてどう感じたかを詳しく書くようにさせていますとあるが、どうしてそうしているのか。

1　患者のストレスを発散させるため
2　自分の状況や感情を客観的に見るようにさせるため
3　患者に思い出を作らせるため
4　筆者が読むため

DAY 27　실전 문제　내용 이해 – 중문

　文章は何のために書くと思うか、と聞きますと、いろいろの答えが出てくると思います。その中でも私が最も強調したいのは、文章は「読み手を説得する」ために書くということです。

　それでは、読み手を説得するために、書き手が最も注意するべきことは何でしょうか。それは、「テーマについてしっかり説明すること」です。文章を書く上で、これ以上重要なことはないです。

　文章を読む人、つまり読み手が、必ずしもテーマについて全部知っているとは限りません。全く初めてそのテーマに触れた人もいるはずです。それなのに、そういう人のための説明が抜けてしまうと、読み手は文章を読んでいくにつれて混乱していくだけで、結局私の主張に説得されるどころか、何を述べているかわからなくて抵抗感が増すようになるだけです。そうなると、最初の目的であり、一番の目的である「説得」ができなくなるので、その文章は価値がなくなってしまいます。

　私たちはたまに、「書き手」である自分の立場だけ考えて、<u>そういう過程が抜けてしまう</u>ことがよくあります。しかし、文章とは常に「読み手」を説得するために書くものだということを覚えて、それに相応しい文章の形を取るために努力しなければなりません。

(注1) 過程：プロセス

1　筆者が言いたいことは何か。
1. 文章は、常に書き手の立場から書くべきだ。
2. 文章を書く上で最も重要なのは、相手に抵抗を感じさせないことだ。
3. 読み手が説得されるように、テーマについて丁寧に説明しなければならない。
4. 文章を書く目的を常に考えるべきだ。

2　そういう過程が抜けてしまうとあるが、どんな過程か。
1. テーマについてしっかり説明して、読み手を説得する過程
2. テーマについて、自分の意見をしっかり述べる過程
3. テーマについて、自分の意見に抵抗を感じさせないようにする過程
4. 文章を書く時、読み手を考える過程

3　文章を書くことについて、筆者の考えに合っているものはどれか。
1. 読み手にしっかり説明すること
2. 読み手と書き手両方が分かりやすい文章を書くこと
3. 書く人を説得すること
4. 読む人を説得すること

다음 글을 읽고, 질문에 답하세요.

　　ここ最近、よく耳にするようになった言葉がある。それは「個性」というもので、社会のあちこちで「個性を磨こう」とか、「自分の個性を出しましょう」などという声が上がっている。

　　しかしよく考えてみると、この日本社会でこれほど難しいことはない。私たちは、小学校、いや、幼稚園に入った瞬間から画一的な姿勢を取ることを押し付けられる。服からカバンまで私たちは同じものを用意しなければならないし、筆箱さえできるだけみんなと似たようなものを所持するように言われる。そればかりか、学校で教えられる科目や試験でもいつも一つの正解を押し付けられるし、少しでも他の人と違う行動を取ったらみんなから遠ざかることも少なくない。

　　こういった社会の雰囲気の中で個性を身につけたり、磨くことができるわけがない。本当に個性あふれる個人を作りたいなら、まず個性的な個人を認める社会の雰囲気を作らなければならない。自分が好きなものを選び、自分がやりたいことをしても白い目で見られない社会の雰囲気を作るところから、本当の意味の「個性」が生まれるのだ。

| 1 | 筆者は、なぜこの日本社会でこれほど難しいことはないと述べているのか。

1　もう個性的な社会で、個性が十分尊重されているから
2　すでに個性を磨くことに力を入れているから
3　成長期に個性を磨く機会がないから
4　いろんな可能性を試されているから

| 2 | 日本社会について、筆者はどう考えているか。

1　画一的で、個性を磨く機会がない社会
2　個性あふれる楽しい社会
3　お互いの個性を尊重する社会
4　自分の好み通り生きていける社会

| 3 | 筆者の考えに合っているものはどれか。

1　個性を磨いて、自分らしさを出していくべきだ。
2　個人個人の個性を認める社会の雰囲気を作るべきだ。
3　日本社会では個性を出すことが簡単にできる。
4　日本社会は個性的だ。

DAY 28 　실전 문제　통합 이해

A

　マラソンをやっていて一番楽しいのは、何よりも前の記録を更新できた時だ。マラソンというものは基本的に、長い距離を黙々と走ることであり、練習をしていると、何回も諦めたくなる。別に選手としてやっているわけでもないのに、何のためにこんなに無理をしているのだろう、と思ってしまうこともある。しかし、そういった辛さを乗り越えて、自分の最高記録を更新した時の感動は、かけがえのないものだ。新記録を達成した時、自分自身との戦いに勝った、という満足感。僕はそのために今日も走っている。

B

　どうしてマラソンが趣味になったかといいますと、少し変に聞こえるかもしれませんが、その練習の過程が好きになったからです。マラソンの練習はとても苦しいです。毎日のように長距離を走らなければなりませんし、たまにはあまりにも長いその距離に圧倒され、そのまま諦めたくなる時もあります。それでも、それを乗り越えて自分が設定したゴールに到達した時の快感、練習の成果があって自分の新記録を達成した時の感動。そういったことがたまらなく楽しいので、どんなに辛くても、この辛い練習を続けるのです。

(注1) 快感：快い気持ち

☐1☐　AとBの意見で、一致しているものを選びなさい。

1　練習の時は楽しい。
2　練習の時は辛いが、やめられない。
3　練習の時は楽しいが、試合の時は辛い。
4　試合は楽しいが、練習はしたくない。

☐2☐　AとBの立場を説明したものとして合っているものはどれか。

1　Aは記録を更新するように頑張っていると述べており、
　　Bは練習の過程が好きだからマラソンを続けていると述べている。
2　AもBも、記録を更新することが目的だと述べている。
3　AもBも、練習の過程が好きで、マラソンを続けていると述べている。
4　Aは、マラソンの大変さについて述べているが、Bはマラソンの楽しさについて述べている。

 **확인 문제**

相談者

　最近部屋に引きこもる若者(注1)が増えていますが、皆さんは何が問題だと思いますか？私は、少子化により子どもの社会が狭くなったのが原因だと思います。昔は大家族の中で、いろいろな関係の人と接することができたので、多様な人に接する方法を自然と身につけることができたのですね。でも今は核家族化(注2)が進んでおり、自分のことを甘やかしてくれる親との関係しか経験できていない子どもが増えたため、いろいろな人間関係に耐える力がなくなったのと思います。こんな社会では、引きこもりが増えても仕方がないかもしれないですね。

回答者　A

　引きこもる若者が増えるのは、個性を認めてくれない社会の雰囲気に原因があると思います。自分のことを認めてくれる人はいないし、自分の好きなことや上手なことなど見つける暇もなく勉強、勉強…。それじゃ、若者じゃなくても、社会との関係を切って、1人になりたいでしょう。もっと社会の雰囲気が柔軟になって、互いのことを尊重するべきだと思います。

回答者　B

　私はまさにベビーブーム世代で、祖父と祖母、叔母やいとこなど、多様な関係の親戚と一緒に暮らした人ですが、そのおかげで、社会のルールやいろいろな人との接し方を身につけることができました。でも、今はみんな核家族で、兄弟もいない一人っ子の人が多いですね。多くても兄弟二人ぐらいですし。それじゃ、多様な関係を経験できないので、人との接し方がわからないのも当然ですね。もっと子どもが多くの関係を持つことができるように、親が工夫しなきゃなのでは。

(注1) 若者：若い人たち
(注2) 核家族：夫婦と子供だけで構成されている家族のこと

1 こんな社会とあるが、どんな社会か。

1　大家族のもとで、いろいろな関係が経験できる社会。
2　核家族(かくかぞく)で、人間関係の幅が狭い社会。
3　個性を認めない社会。
4　兄弟が多くて、寂しくない子ども時代が送れる社会。

2 「相談者」の相談に対するA、Bの回答について、正しいのはどれか。

1　AもBも、引きこもりが増えているのは、個性を認めない社会の雰囲気が原因だと述べている。
2　AもBも、引きこもり増加の原因は、核家族化(かくかぞくか)だと述べている。
3　Aは個性を認めない社会が原因だと述べ、Bは核家族化(かくかぞくか)で人間関係の経験が浅くなったのが原因だと述べている。
4　Aは核家族化(かくかぞくか)で人間関係の経験が浅くなったのが原因だと述べ、Bは個性を認めない社会が原因だと述べている。

DAY 29 　실전 문제　주장 이해 – 장문

　日本と韓国の文化で、最も違うことは何か。それは、食文化だ。他の文化も違うところは多いが、食文化ほど日本と韓国を見分けられることはない。たとえば、韓国は銀や鉄でできたスプーンとお箸を使うが、日本はスプーンはカレーを食べる時など、ごく稀な時にしか使わず、大体は木で作ったお箸を使う。それに、日本は食器を手で持って食べるのが礼儀だが、韓国は手で持って食べると「乞食(注1)食い」のようだと非難される。日本と韓国が古代から多くの関係を持っていて、活(注2)発な文化交流をしてきたことを考えると、これほど文化が異なるのは、ある意味面白いほどだ。

　こんなに日本と韓国の食文化が異なるようになった理由は何だろうか。まずは、日本と韓国の食器の材料の違いが挙げられるだろう。韓国は昔から金属で作られ(注3)(注4)た食器(お茶碗、お箸、スプーン)をよく使っていた。これらは丈夫ではあるが、すぐ熱くなるので手に持って食べることができなかった。一方、日本は主に木で作られた食器を使っていたので、比較的容易に食器を手に持って食べることができた。

　また、韓国は昔から、「タン(湯)」と呼ばれる、熱々のスープを飲む食文化があったのだが、これはその量も多く、大きいお椀に入れなければならなかった。なお、大変熱い温度だったので、これを手に持って飲んだりすることは難しかっただろう。その代わり、韓国ではスプーンを使ってスープを飲む文化が定着し、それが食文化全体に広がったのだ。その反面、日本は熱々のスープはラーメンのスープくらいだけで、そこまで量の多いスープを飲むことはあまりなかったため、スプーンが要らなかったのだ。

(注1) 乞食：お金や食べ物を人からもらって生活する人のこと
(注2) 〜食い：〜のように食べること
(注3) 挙げる：ここでは、例として取り上げる
(注4) 金属：鉄などのもの

宗教の違いも両国の食文化が変わったもう一つの理由だ。日本は仏教の影響が強かったため、肉類を使った料理が発達しなかった。代わりに、島国であることを利用して、魚料理を発達させたのだ。反面、韓国は現実主義的な儒教(注5)の影響が強く、また戦争などが多かった地理的な特性上、肉類を使った料理が発達した。それで、今でも日本では魚や野菜を使った料理が多いのに比べ、韓国は肉類の料理が多い。

　同じ文化圏で交流を交わしてきたとしても、食器の材料や宗教が異なれば、こんなにも多くの違いができるということは、いつ考えても大変面白い。これが、私が比較文化研究をする理由でもあるのだ。

(注5) 儒教：孔子により古代中国で作られた宗教や生活様式のこと

1 　ある意味面白いほどだの理由として合っているものはどれか。

1　活発な交流を交わしてきたのにもかかわらず、文化の違いが明確なこと
2　食文化以外にも多くの文化が違うこと
3　日本と韓国の文化が違うこと
4　日本と韓国の食器の材料が違うこと

2 　筆者によると、日本と韓国の食文化の違いを分けたこととして合っているものはどれか。

1　消極的な文化交流
2　宗教の類似性
3　日本と韓国の気候の違い
4　宗教と食器の材料の違い

3 　この文章で、筆者が最も言いたいことは何か。

1　同じ文化圏であれば、食文化なども似てくるものだ。
2　同じ文化圏でも、いろいろな要素で文化が違ってくることは、面白い。
3　日本と韓国の食文化は似ている。
4　日本と韓国の文化は似ていて面白い。

 確認問題

　「見た目より内面が大事だ」という言葉が最近流行っているらしい。外見だけで人を判断してはいけないという意味だが、私はそれに完全に同意することはできない。内面ほど、見た目も大事だからだ。

　もちろん、見た目がみっともないということだけで人を判断したり、評価することはよくないことだ。見た目に隠れている優れた能力や長所があるかもしれないし、人の能力や性格の優しさなどは、見た目に出ないからだ。内面を磨くことや、相手の内面を見渡すことも、欠かせないことなのだ。

　しかし、だからといって見た目を全く気にしなくなるのも、私からは「惜しい！」としか言えないことでもある。それは、ひょっとすると、信頼性に欠けているように見えるからだ。

　人間は社会的な動物で、その場や時の雰囲気に合わせて生きていく必要がある。例えば、お葬式には、悲しんでいる遺族(注1)たちを慰めるために、できるだけ落ち着いた色の服装でいる必要があるし、就職活動をするためには、だらしなさがなく、信頼できる人だということを伝えるに効果的な姿をするべきだ。また、結婚式など、相手の幸せな時を一緒にする際は、精一杯そのおめでたい気持ちを表現するために、きれいで明るい服を着る必要がある。こういう時に、それに合わせた外見を用意しないと、内面でどれだけ応援していたとしても、内面がどれだけいい人だとしても、その人の本音は通じない。

　つまり、その場に合ったきちんとした格好はするべきで、それが周りの人との関係も良くするということなのだ。必要以上に化粧をしたり、ブランド品を買い集める必要はないけど、その場に合わせて服や容姿を飾ることは悪いことではない。見た目が時と場に合わないのに、その人の内面まで見てくれる暇がある人はあまりいない。自分のためにも、相手のためにも、最小限の「見た目」には気をつけた方がいいと思う。

(注1) 遺族：死んだ人の家族

□1　見た目について、筆者の考えと合っているものはどれか。

1　内面の方が大事なので、見た目は気にしなくてもいい。
2　見た目が大事なので、無理をしてでもきれいにするべきだ。
3　時と場に合わせて、最小限のきれいさを保つ必要がある。
4　社会的な関係を保つ上で、無視してもよいものとなっている。

□2　内面について、筆者の考えと合っているものはどれか。

1　何よりも大事なもので、自分の内面を分かってくれる人とだけ付き合えばいい。
2　見た目だけ考えて、内面を見通すことを逃してはいけない。
3　見た目より大事ではないので、内面で人を判断することはできない。
4　見た目が悪くても、内面が良ければ大丈夫だ。

□3　この文章で、筆者が最も言いたいことは何か。

1　社会的な関係を保つために、時と場に合わせて、見た目もしっかり気をつけた方がいい。
2　見た目より内面を磨いた方がこれからの人生に役に立つ。
3　見た目が全部ではない。
4　人は見た目で判断されるのが望ましい。

DAY 30 실전 문제 정보 검색

1　八木さん家族は、予防接種を受けようとしている。八木さんは35歳で妊娠している。八木さん家族は40歳の夫、高校1年生の弟、小学3年生の娘で4人家族だ。接種費用はいくらか。

1　7,500円
2　9,500円
3　10,000円
4　10,500円

2　68歳の彰浩さんは、65歳の妻裕子さんと接種を受けようとしている。持参するべきものと接種日の組み合わせとして正しいものはどれか。

1　学生証、2月23日
2　住民票、2月22日
3　運転免許証または住民票、2月23日
4　保険証、2月19日

予防接種のご案内

下記のように、予防接種のご案内をいたします。

接種対象	接種開始時期	必要な書類	接種回数
妊娠している方	2月15日 (月曜日)	妊娠だと分かる証明書 (診断証明書など) 母子健康手帳	1回
幼児(0歳〜5歳)	2月16日 (火曜日)	保険証や住民票など 年齢が分かる書類	2回
小学生 (1年生〜3年生)	2月17日 (水曜日)	保険証や住民票など 年齢が分かる書類	2回
小学生 (4年生〜6年生)	2月17日 (水曜日)	保険証や住民票など 年齢が分かる書類	2回
青少年 (中学1年生〜 高校3年生)	2月19日 (金曜日)	保険証、学生証、 住民票など年齢が分かる書類	1回
成人 (20歳以上)	2月22日 (月曜日)	保険証、学生証、運転免許証、 住民票など年齢が分かる書類	2回
高齢者 (65歳以上)	2月23日 (火曜日)	保険証、運転免許証、 住民票など年齢が分かる書類	2回

※2回接種の方は、1回接種後2週間後に再度お越しください。

◆**接種場所**：上城市内保健所

◆**接種費用**：1回目　2,500円、2回目　2,000円　（一括払い）

ただし、幼児〜小学生と高齢者の場合は無料となります。

◆**接種期日の延長**：期日内に接種ができない方は、すべての接種が終わってから1週間後に追加接種を行います。事前に電話にてお申し込みください。

【お問い合わせ先】
上城市健康保険センター　☎ 037-275-573

 **확인 문제**

1 マーケティング部の新入社員である二宮(にのみや)さんの診断日はいつか。

1　4月5日
2　4月6日
3　4月1日
4　ここには指定されていない。

2 法務部(ほうむ)課長の室山(むろやま)さんは、仕事上の理由で、指定された日に診断を受けることができない。室山(むろやま)さんは、どうすればいいか。

1　検尿(けんにょう)キットを持って、人事部担当者に提出する。
2　花本(はなもと)病院に事情を言い、延期してもらう。
3　人事部の担当者に事情を言い、延期してもらう。
4　別の病院で事前に診断を受ける。

健康診断のご案内

下記のように、社内健康診断を行います。

月日	時間	性別	対象
4月2日(月)	09:00〜11:00	女	人事部
	13:10〜15:10		総務部
4月3日(火)	10:00〜12:00	男	経理部
	13:30〜15:30		法務部
4月4日(水)	10:20〜12:20	男	技術管理部
	13:30〜15:30		営業部
4月5日(木)	08:30〜10:30	女	マーケティング部
	13:00〜15:00		CS部
4月6日(金)	08:00〜10:00	男	人事部・総務部
	10:15〜12:15		マーケティング部・CS部
	13:30〜15:30	女	経理部・法務部
	15:45〜17:45		技術管理部・営業部

※新入社員の健康診断日は、4月1日入社式の際にお知らせいたします。

【健康診断場所】花本病院(当社指定健康診断センター)

【診断時持参するもの】社員証、保険証、検尿検査キット(事前配布)
(注1)

【注意事項】

・健康診断の前日の夕方から禁食してください。

・指定された日時に受診してください。やむを得ない事情により別の日に検診される場合は、予め人事部の係まで申し出てください。
(注2)

・検尿検査キットは、4月1日に配布します。当日は病院のトイレが混雑すると思われますので、入場の前に検尿を済ませてください。

(注1) 検尿：小便を検査すること
(注2) 申し出る：意見や希望などを、自分から言って出る

1일 1장으로 완벽 대비

JLPT N2
청해편

 **청해체크** 과제 이해 공략

과제 이해

1 지문의 특징

- 지문 종류: 일상생활에 관련된 실생활 대화문
    - 선택지는 미리 공개됨
    - 선택지가 그림으로 나오는 경우도 있음
- 문제 유형: 대화 후에 주인공이 해야 할 행동 찾기
- 지문 및 문제 수: 총 5문제

2 문제 공략법

- 선택지 읽어 두기
    - 선택지는 본문의 표현을 다르게 대체한 것일 가능성이 높음
- 문제의 의도(과제)와 주인공 파악하기
- 대화문 후의 행동으로 알맞은 것 유추하기

3 예상 질문

- ○○は、このあと何をしますか。
- ○○は、何をしなければなりませんか。
- ○○は、どのように□□をしますか。

음성을 듣고 질문에 답하세요.

1 男の人は、これからどうしますか。

① 薬局に行く

② 病院に行く

③ 家に帰る

④ 薬を飲む

2 もう1度聞いて、空欄(くうらん)を埋(う)めてください。

F ： どうしたの？顔色、すごく悪いよ。

M ： そう？昨日、＿＿＿＿＿＿＿＿＿＿＿＿＿＿＿＿＿＿＿＿＿＿＿＿＿＿＿。

F ： 大丈夫？風邪じゃない？最近流行ってるみたいだよ。＿＿＿＿＿＿＿＿？

M ： それが、今日ちょっと忙しくてね…。まだ行ってないんだ。

F ： だめじゃない、＿＿＿＿＿＿＿＿＿＿＿＿＿＿＿＿。＿＿＿＿＿＿？

M ： あ、でも今はだいぶ良くなったよ。熱もまだあるけど、微熱(びねつ)ぐらいだし。

F ： だめだよ。また熱が上がるかもしれないし。その時薬なかったらどうする？

M ： わかったよ。じゃ、＿＿＿＿＿＿＿＿＿＿＿＿＿＿＿＿。

F ： ＿＿＿＿＿＿＿＿＿＿＿＿＿＿＿＿＿＿＿＿＿＿＿。

M ： はい、はい。わかりました。

DAY 02 청해체크 과제 이해 파악하기 ①

오늘의 듣기

M ： ええと、この授業に出席できない時は、必ず前日までに連絡してください。

F ： 先生にメールしたらいいですか？

M ： いいえ、事務室以外の連絡は一切受け取っておりませんので、事務室まで連絡を入れてください。

F ： わかりました。

M ： なお、この授業では毎週作品を作りますので、必ず作業道具が必要です。授業に必要な道具は、授業の3日前までに事務室の前の掲示板(けいじばん)に掲示しますので、それを確かめてから道具を用意してください。

F ： はい。

M ： それから、今日欠席した人、山下(やました)くんですか？山下(やました)くんに、誰かこの内容を伝えてください。

F ： あ、私が伝えておきます。メールアドレス知っていますので。

M ： ありがとうございます。

学生は、作業道具をどう確かめたらいいですか。

1 　先生にメールで聞く
2 　友達にメールで聞く
3 　事務室に聞く
4 　事務室の前の掲示板(けいじばん)を見る

음성을 듣고 질문에 답하세요.

1 男の人は、これからまず何をしますか。

① 旅行先を決める

② 旅行の計画を立てる

③ 旅行会社に行く

④ 北海道に行く

2 もう1度聞いて、空欄を埋めてください。

M ： 旅行の計画を立てようと思っているんだけど、

＿＿＿＿＿＿＿＿＿＿＿＿＿＿＿＿＿＿＿＿＿＿＿？

F ： そうね、＿＿＿＿＿＿＿＿＿＿＿＿＿？

M ： 自然を満喫できる場所がいいんだ。でも、長距離の移動は避けたいかな。

F ： じゃあ、＿＿＿＿＿＿＿＿＿＿＿＿＿＿＿＿＿＿。美しい自然が

広がっているし、夏でも涼しいところが多いよ。

M ： いいね。でも、＿＿＿＿＿＿＿＿＿＿＿＿＿＿＿＿＿＿…。

F ： そう？それなら、＿＿＿＿＿＿＿＿＿＿＿＿＿＿＿。

自然も楽しめるし、観光もできるよ。

M ： そうだね、それもいいね。

でも、どっちにしても＿＿＿＿＿＿＿＿＿＿＿＿＿＿。

F ： それなら、＿＿＿＿＿＿＿＿＿＿＿＿＿＿＿？

日程や予算に合わせてプランを提案してくれるし、

交通手段も手配してくれるから楽なんじゃないかな。

M ： そうだね。＿＿＿＿＿＿＿＿＿＿＿＿＿＿＿＿。ありがとう。

DAY 03　청해체크　과제 이해 파악하기 ②

오늘의 듣기

M ： 下松電気です。クーラーの調子が悪いとご連絡いただきましたが。

F ： はい、そうなんです。急に電源が切れたり、つけていると後ろ側から水が漏れてきたり…。使えないんです。

M ： そうですか。水が漏れるのは、ガスがないからかもしれませんね。電源は…ちょっと見てみますね。

F ： どうですか。

M ： はい、電源に問題がありますね。これが原因で水漏れしてしまったんです。電源、取り替えなければなりませんね。ガスの方は大丈夫です。

F ： え！そうですか。修理代はいくらくらいしますか？

M ： そうですね…。3万円ぐらいになると思います。

F ： 高い…。あの、来年新しいクーラーを買おうとしたんですけど、修理しないで使い続けられませんか？

M ： でも、このままですと、本格的な夏が始まる前に、使えなくなってしまいますよ。直すことをおすすめします。

F ： わかりました。じゃ、お願いします。

女の人は、これから何をしますか。

1　クーラーを修理する
2　クーラーのガスを補充する
3　新しいクーラーを買う
4　クーラーを見てもらう

음성을 듣고 질문에 답하세요.

1 男の人は、これからまず何をしますか。

① うどん屋を予約する

② パンフレットを見て店を選ぶ

③ 先生に電話する

④ すき焼きを作る

2 もう1度聞いて、空欄(くうらん)を埋(う)めてください。

M ： 明日、村田(むらた)先生との食事会のことだけど、何食べようかな。

F ： そうね。＿＿＿＿＿＿＿＿＿＿＿＿＿＿＿＿＿＿＿＿＿＿＿？

M ： そうだね。じゃ、すき焼きでも食べに行くのはどう？

F ： すき焼きって、脂(あぶら)っこいじゃない。

＿＿＿＿＿＿＿＿＿＿＿＿＿＿＿＿＿＿＿＿＿＿＿＿。

M ： そうかな…。じゃ、お寿司は？

F ： ＿＿＿＿＿＿＿＿＿＿＿＿＿＿＿。先生、うどん大好きって言ってたし。

M ： でも、うどん屋って狭いし、そんなに上品な感じでもないから、ちょっと心配だけど。

F ： ＿＿＿＿＿＿＿＿＿＿＿＿＿＿＿＿。いろんなうどん屋があるけど、結構高級な感じの店もあるよ。

M ： あ、ありがとう。＿＿＿＿＿＿＿＿。

DAY 04　청해체크　과제 이해 파악하기 ③

오늘의 듣기

M : こんにちは、スポーツクラブの利用料金はいくらですか？

F : 利用料金は、入会金と会費を合わせて5万5千円です。入会金は、会費の10％です。ただし、6ヶ月以上の契約なら入会金が無料になります。

M : そうですか。トレーニングルームとプールも利用できますか？

F : はい、もちろんご利用いただけます。トレーニングルームは24時間いつでも利用可能で、プールは営業時間内でご利用いただけます。

M : わかりました。では、利用料金はどう払えばいいですか？

F : クレジットカード、電子マネー、現金払いなどが可能です。ご希望の方法をお選びください。

M : わかりました。では、12ヶ月契約で、カードでお願いします。

F : かしこまりました。ありがとうございます。

男の人は、ここでいくら払いますか。

1　45,000円
2　55,000円
3　50,000円
4　40,000円

음성을 듣고 질문에 답하세요.

1 男の人は、これからまず何をしますか。

① 会議の資料を作る
② 林田さんにメッセージする
③ 会議の詳細を確認する
④ 取引先に送る資料をまとめる

2 もう1度聞いて、空欄を埋めてください。

F ： 小山くん、今いい？

M ： あ、課長、はい、大丈夫です。

F ： 林田さんから電話があってね。昨日の夜から熱がひどくて、今病院だって。それで、今日会社を休むそうなの。で、悪いんだけど、＿＿＿＿＿＿＿＿＿＿＿＿＿＿＿＿＿＿＿＿？今日の午後までには送らなければならないから、＿＿＿＿＿＿＿＿＿＿＿＿＿＿＿＿＿＿＿＿。

M ： そうですか。するのは全然問題ないですが、午前中にその仕事が入りますと、今やっている会議資料の作成が、今日中に終わらないと思います。

F ： あ、それもあったわね…。＿＿＿＿＿＿＿＿＿＿＿＿＿＿＿＿＿＿＿＿。

M ： わかりました。作業の詳細はどこで確認できますか？

F ： 会社のドライブに途中まで作業したのが入っていて、それを見ればわかるんだって。＿＿＿＿＿＿＿＿＿＿＿＿＿＿＿＿＿＿＿＿。

M ： はい、わかりました。

F ： いつも頼んでばかりでごめんね。とても心強いわ。

DAY 05 　📋 단원 정리　중간 점검 ①

음성을 듣고 질문에 답하세요.

1　女の人は、これからまず何をしますか？

　① 携帯電話の購入手続きをする
　② 前使っていた携帯電話を返却する
　③ 新規契約を行う
　④ エコポイントをもらう

2　もう1度聞いて、空欄を埋めてください。

M ： いらっしゃいませ。「ジャンプモバイル」です。

F ： あ、はい。「マイフォン13」を購入したいんですが。

M ： そうですか。ありがとうございます。
　　 _____？

F ： あ、いいえ。もともとは別の会社の携帯電話を使っていましたが、
　　 _____…。

M ： かしこまりました。それでは、まずこちらのご契約書にご記入をお願いいたします。その後、購入の手続きへ進みたいと思います。マイフォンをお使いになったことはございますか？

F ： いいえ、初めてです。それと、以前、
　　 _____、
　　 エコポイントがもらえると聞きましたが…。

M ： はい、そうです。本日お持ちになりましたか？

F ： はい、これです。

M ： かしこまりました。そちらは、
　　 _____。
　　 では、まずこちらにお名前とご住所をお願いいたします。

F ： あ、はい。わかりました。

음성을 듣고 질문에 답하세요.

3 女の人は、これから何をしなければなりませんか。

① データを取る機械を確認する

② 実験室の環境を確かめる

③ 実験のやり方を確認する

④ 実験の結果を手帳にまとめる

4 もう1度聞いて、空欄(くうらん)を埋(う)めてください。

M ： あ、柏木(かしわぎ)さん、今回の研究結果について、

　　　_____。

　　　実は、資料のデータの数値が一部間違っているところがあってね。

F ： え！そうなんですか。

M ： うん。それで、どうして間違ったのか

　　　_____。

F ： そうですか。どこを当たりましょうか。実験室の環境が変わったのが原因かもしれませんね。_____？

M ： 鋭いね。確かに実験室の環境が変わったのが原因かもしれないしね。でも、実験チームの管理手帳によると、温度や湿度などは変わっていないんだよね。

F ： では、_____？

M ： うん、それは、僕がこれから調べることになっているんだ。

　　　それより、データを取る外部の機械があるだろう。

　　　そもそも、_____。

　　　で、_____

　　　を確認してもらいたいんだ。

F ： あ、その可能性もありますね。わかりました。すぐ取りかかります。

M ： ありがとう。頼むね。

DAY 06 청해체크 포인트 이해 공략

포인트 이해

1 지문의 특징

- 지문 종류: 일상생활에 관련된 실생활 대화문
    - 선택지는 미리 공개됨
    - 선택지를 읽을 시간(20초 정도)이 있음
- 문제 유형: 대화 속의 포인트 찾기
    - 이유 찾기
    - 목적 찾기
    - 요점 찾기
- 지문 및 문제 수: 총 6문제

2 문제 공략법

- 문제의 의도(포인트)와 주인공 찾아 두기
- 선택지 읽어 두기
- 문제의 의도에 맞춰 지문의 요점이 무엇인지 정리하기

3 예상 질문

- ○○は、どうして〜ですか。
- ○○は、□□の目的は何だと言っていますか。
- ○○は、●●について何が問題だと言っていますか。
- ○○はどんなことですか。

음성을 듣고 질문에 답하세요.

1 女の人は、どうして会社へ行きたくないと言っていますか。

① 仕事が多いから

② 部長に怒られたから

③ 同僚と言い合いをしたから

④ 社長の前で発表しなければならないから

2 もう1度聞いて、空欄を埋めてください。

M : どうした？さっきからため息ばかり。＿＿＿＿＿＿＿＿＿＿＿＿＿＿？

F : ううん。同僚との仲はとってもいいよ。

M : じゃ、どうしたんだよ。＿＿＿＿＿＿＿＿＿＿＿＿？

F : いや、うちの部長は、怒ったりしない人だからね。

＿＿＿＿＿＿＿＿＿＿＿＿＿＿＿＿＿＿＿＿。

M : ＿＿＿＿＿＿＿＿＿＿＿＿＿＿？

F : いや、仕事自体は楽だよ。

＿＿＿＿＿＿＿＿＿＿＿＿＿＿＿＿＿＿＿＿、

とても緊張しているの。考えるだけでもう胃が痛いよ。

M : それは大変だな。

F : それで、明日会社行きたくないな～と思って。ね、明日会社休んじゃおうかな。

M : だめに決まってるだろう。大人なんだから、ちゃんと自分の仕事終わらせなさい。

F : はぁ…。はーい。

DAY 07　청해체크　포인트 이해 파악하기 ①

오늘의 듣기

M：最近、ある乳製品製造会社が、新しいキャンペーンを始めたらしいよ。
　　一人暮らしのお年寄りに、無料で毎朝牛乳を配達するキャンペーンだって。

F：へー。一人暮らしだから、食事をきちんと摂っていない人が多いからかな。

M：僕も最初はそう思ったんだ。でも、この前、朝の情報番組でその社長が出てきてね。

F：うんうん。

M：一人で住んでいるお年寄りは、家の中でケガしたり、
　　何か起こっても知らせるところがないんだって。それで、朝牛乳を配って、
　　午後に確認して牛乳がそのまま置かれていたら、
　　その人に何か起きたかもしれないって気付けるからやっているんだって。

F：なるほどね。何もなかったら普通に牛乳を取って飲んでるはずだからね。

M：うん。これで、今まで多くの人が命を救われたらしいよ。
　　だから、赤字になってもやめられないんだって。

F：すごいね。

この会社が、牛乳無料配達を始めた目的は何ですか。

1　一人暮らしのお年寄りの安全を確認するため
2　一人暮らしのお年寄りの生活を支援するため
3　一人暮らしの若者の安全を確認するため
4　大学生の学費を支援するため

음성을 듣고 질문에 답하세요.

1 女の人は、どうして古本屋が好きなのですか。

① 本が安く買えるから

② 珍しい本が見つけられるかもしれないから

③ 本にメモをしても負担がないから

④ 様々な種類の本が買えるから

2 もう1度聞いて、空欄を埋めてください。

M ： 宮本(みやもと)さん、どこ行くの？

F ： あ、高橋(たかはし)くん。こんにちは。あそこの古本屋に行くところだよ。

M ： 古本屋か、いいね。でも、本がほしいなら、

＿＿＿＿＿＿＿＿＿＿＿＿＿＿＿＿＿＿＿＿＿＿＿＿＿＿＿＿＿＿＿＿？

もっといろんな本が揃っているし。

F ： ええ、そうだけど、私は普通の本屋より古本屋の方が好きなんだよね。

M ： そう？確かに古本屋もいいよね。

＿＿＿＿＿＿＿＿＿＿＿＿＿＿＿＿＿＿＿＿＿＿＿＿＿＿＿＿＿＿。

F ： それもそうだけど、それより、古本屋にはいろんな人が読んだ本が売られ

ているから、＿＿＿＿＿＿＿＿＿＿＿＿＿＿＿＿＿＿＿＿とか、

＿＿＿＿＿＿＿＿＿＿＿＿＿＿＿＿＿＿

を＿＿＿＿＿＿＿＿＿＿＿＿＿＿＿＿＿＿＿。

私、それがすごく楽しみなの。

M ： あ、そうか！確かにそれは、古本屋のいいところだね。

F ： でしょ？だから、できるだけ古本屋に行こうとしているの。

DAY 08　청해체크　포인트 이해 파악하기 ②

오늘의 듣기

F : 先生、失礼いたします。小山田（おやまだ）です。

M : あ、どうぞ。お入りください。どうしましたか。

F : はい、今回提出したレポートのことですが…。どんなところが問題だったのか少し気になりまして…。

M : ああ、それね。確かに、あなたのレポートにはいいところが多かったけどね。テーマも興味深かったし。

F : ありがとうございます。

M : ただ、レポートの書き方がね。おそらく、言いたいことが多かったのが原因だと思うけど、内容が統一していなくて、全体として何が言いたいのかがはっきり見えなかったんだな。

F : そうでしたか…。

M : レポートというものは、ある種の報告書というものだからね。もっと、はっきり、自分がどうしてこのような結論を出したのかを、論理的に説明しないといけないよ。

F : わかりました。次は、気をつけます。

先生は、この学生のレポートについて何が問題だったと言っていますか。

1　テーマがおもしろくなかったこと
2　レポートで何が言いたいのかが分からなかったこと
3　レポートの展開がおかしかったこと
4　レポートの結論がいろいろあったこと

음성을 듣고 질문에 답하세요.

1 女の人は、海で暮らす生き物の命が危ないことについて、何が原因だと言っていますか。

① 人によって海に流れるゴミが増えたこと
② 工場の廃水や廃油が海に流れること
③ ビニール袋を捨てること
④ ゴミの分別をしないこと

2 もう1度聞いて、空欄を埋めてください。

F ： 最近、_____。

M ： そうか。確かに、今でも工場の廃水や廃油などを、こっそり海に流してしまうことがあると言うしね。

F ： それも問題だけど、それより、_____。

M ： _____？

F ： そう。_____
とかが_____、多くの生き物が死に至ってるんだよ。
ほら、見て。ビニール袋を餌だと思って食べて死んじゃったウミガメだよ。
かわいそうでしょう。

M ： うわ、かわいそう…。ひどいね、これは。

F ： でしょ？だから、ゴミ問題にもっと関心を持つべきだと思うの。

M ： そうなんだよね。僕も、これからもっと、関心を持たなきゃ。

DAY 09 청해체크 포인트 이해 파악하기 ③

오늘의 듣기

M ： このスツールは、防災を意識したものです。このように中に物を入れることができますが、ここに防災グッズを入れておくと、災害時にスツールごと持って避難することができるのです。全体に防水処理ができていますので、水に濡（ぬ）れても安心です。災害に使う椅子（いす）と言うと、これまではただ座るだけのものであり、避難の際に役に立ちませんでした。その意味では、こちらの商品は、大事なものを守りたいというニーズに応えて開発されたと言ってもいいですね。

このスツールにはどんな機能がありますか。

1　楽に座ることができる機能
2　水に浮かぶ機能
3　避難の際、荷物を入れて逃げることができる機能
4　防災グッズに変わる機能

음성을 듣고 질문에 답하세요.

1 教授が最近の大学について心配しているのは、どんなことですか。

① 基礎研究ばかりしていること

② 実用的な研究をしないこと

③ 学生の就職率を気にしないこと

④ 就職率だけ気にすること

2 もう1度聞いて、空欄を埋めてください。

F ： 今日は、今出川大学の桃山教授に、

_____。

M ： 私は、大学で30年近く研究と、学生の教育に取り組んでいます。研究者の育成に特に力を入れていますが、それに関して、「もっと学生の未来に興味を持ってほしい」と、_____。

F ： それはどういったことでしょうか。

M ： 要するに、_____

_____、ということですね。最近は不景気のため、大学でも就職率を気にしていますから。就職率を見て大学を選ぶ学生も増えていますし。もちろん、それも大事ですが、本来、大学というのは、高等な教育を受けた、学問の専門家を育成することが存在意義だと考えるのです。

F ： つまり、大学というのは、

_____。

M ： ええ。大学というのは、もともと研究を発展させることで社会の発展を図るために作られたものです。それなのに、研究者の育成ではなく、

_____、

大変残念に思うのです。

DAY 10 📋 단원 정리 중간 점검 ②

음성을 듣고 질문에 답하세요.

1 男の子は、どうして明日学校へ行きたくないのですか。

① 明日体育があるから

② 髪型（かみがた）が気に入らないから

③ 学校で笑われたから

④ 友だちとケンカしたから

2 もう1度聞いて、空欄（くうらん）を埋（う）めてください。

F ： 吉彦（よしひこ）、どうしたの？さっきから暗い顔して。藤田（ふじた）くんとケンカでもしたの？

M ： しないよ、小学生でもないし。＿＿＿＿＿＿＿＿＿＿＿＿＿＿＿＿＿＿＿。

F ： あら、だいぶ短く切ったわね。すっきりしたんじゃない。

M ： ＿＿＿＿＿＿＿＿＿＿＿＿＿＿＿＿＿＿＿＿＿＿＿＿＿＿＿＿＿。

俺、明日学校行きたくない。

F ： 何言ってるの。だめに決まってるでしょう。

実は＿＿＿＿＿＿＿＿＿＿＿＿＿＿＿＿＿＿＿＿？

M ： 違うってば。そんなこと全然関係ないよ。あーあ、本当に憂鬱（ゆううつ）なんだな…。

음성을 듣고 질문에 답하세요.

3 この先生が学生と面談をする目的は何ですか。

① 学生をよく知るため

② 学生の悩みを聞いて、適切な指導方法を探るため

③ 学生の悩みを聞いてあげるため

④ 学生の友人関係が気になるため

4 もう1度聞いて、空欄(くうらん)を埋(う)めてください。

M ： 僕は、自分のクラスの全員と、

必ず2カ月に1回は＿＿＿＿＿＿＿＿＿＿＿＿＿＿＿＿＿。

F ： 本当ですか?でもクラスの全員といったら40人ぐらいじゃないですか、

大変なんじゃないですか?

M ： ええ。大変ですが、そうすることで、＿＿＿＿＿＿＿＿＿＿＿＿＿＿

＿＿＿＿＿＿＿＿＿＿＿＿＿＿＿＿＿＿＿＿＿＿＿＿＿＿＿＿。

F ： そうなんですね。

M ： そして、何よりも、頻繁に面談することで、＿＿＿＿＿＿＿＿＿＿＿＿

＿＿＿＿＿＿＿＿＿＿＿＿＿＿＿＿＿＿＿。友人関係や進路など、なかな

か言い出せない悩みをじっくり聞いてあげて、一緒に解決策(さぐ)を探っていく

と、学生もすっきりしますし、＿＿＿＿＿＿＿＿＿＿＿＿＿＿＿＿＿＿

＿＿＿＿＿＿＿＿＿＿＿＿＿＿＿、大変でも面談をやめるわけにはいか

ないのです。

F ： すごいですね。私も見習おう。

 **청해체크** 개요 이해 공략

개요 이해

1 지문의 특징
    - 지문 종류: 설명문
        - 지문과 선택지 모두 음성으로만 나옴
    - 문제 유형: 대화 속의 주장 또는 주제 찾기
    - 지문 및 문제 수: 총 5문제

2 문제 공략법
    - 메모하기
    - 첫 번째 문제(상황설명)을 듣고 상황과 주인공을 파악하기
    - 내용의 흐름과 결론을 파악하기
    - 두 번째 문제(문제의 의도와 선택지)를 듣고 내용과 일치하는 것 고르기

3 예상 질문

    • ○○は、何について話していますか。
    • ○○が言いたいことは何ですか。

음성을 듣고 질문에 답하세요.

1 男の人は何について話していますか。
　① 京都の伝統工芸の種類
　② 京友禅の特徴
　③ 京都の着物の特徴
　④ 京都の工芸品の値段

2 もう1度聞いて、空欄を埋めてください。

　M ： 皆さんの前にある着物が見えますか？とても華やかですね。これは、
　　　「京友禅」という、日本の伝統技法で作られた着物です。この技法は、

　　　_____

　　　ことで有名です。_____、

　　　まさに日本を代表する工芸として世界に知られています。

　　　_____、京都に行かれる

　　　際は、ぜひ体験してみてください。

DAY 12  청해체크　개요 이해 파악하기 ①

오늘의 듣기

F ： 痩せるためには、強度が高い運動をしなければならないと思う方が多いそうです。ですが、体力も付いていないのにいきなり高強度の運動をしてしまいますと、逆に体に負担がかかってしまいます。だから、最初は無理せず、まずは歩くことから始めましょう。ただ歩くだけでは運動にならないよ、と思う方もいらっしゃるかもしれませんが、姿勢を正してきちんと歩くだけでもいい運動になります。高強度の運動は、体力がついてから始めても遅くないのです。

女の人が言いたいことは何ですか。

1　痩せたいなら、高強度の運動をしなければならない。
2　体力を付けるためには、歩くことから始めた方がいい。
3　体力を付けるために、高強度の運動をした方がいい。
4　最初から高強度の運動をした方がいい。

음성을 듣고 질문에 답하세요.

1 男の人は何について話していますか。

① 準備運動の意味

② 準備運動の歴史

③ 準備運動の種類

④ 準備運動の正しいやり方

2 もう1度聞いて、空欄(くうらん)を埋(う)めてください。

M ： 運動する時、一番大事なことは何でしょうか。それは、準備運動です。準備運動とは、ストレッチや体操を含めたもので、

＿＿＿＿＿＿＿＿＿＿＿＿＿＿＿＿＿＿＿＿＿＿＿＿＿＿＿＿＿＿＿＿＿＿＿。

準備運動をせずすぐに体を動かす人がいますが、準備運動をしないと、急に始まる過激な動きに驚いた筋肉が縮んでしまったり、逆に伸びてしまったりして＿＿＿＿＿＿＿＿＿＿＿＿＿＿＿＿＿＿＿＿＿＿＿＿＿＿＿。だから、運動の前は必ず準備運動をしっかりしましょう。

DAY 13

오늘의 듣기

F : 最近はスマートフォンさえあれば、家で買い物を済ませられるようになりましたね。そういった時代の変化に伴って、様々な通販のサイトが運営されています。実際に、ある大学の調査結果によると、通販だけで買い物を済ましている人が多いということです。最も多く通販を利用しているのは20代であり、30代はそれに次いで2位でした。また、その次に40代、50代、10代の順でした。

アナウンサーは、通販の何について話していますか。

1 通販を利用する理由
2 通販が広がった原因
3 通販による社会の変化
4 通販を利用する年齢代

음성을 듣고 질문에 답하세요.

1 男の人は、何について話していますか。

① 子どもへの怒り方

② 子どもに怒らない方法

③ 子どもに怒られない方法

④ 子どもが悪いことをしないようにする方法

2 もう1度聞いて、空欄(くうらん)を埋(う)めてください。

M ： 初めてお子さんを育てる方から一番多く寄(よ)せられる相談は、「子どもに怒らないと決めたのに怒ってしまう」というものです。子どもに怒った後、激しく自分を責めてしまう方も何人かいました。ですが、親も人間ですので、子どもが無茶をすると、怒るのは当然なのです。ですから、怒ることを怖がるのではなく、＿＿＿＿＿＿＿＿＿＿＿＿＿＿＿＿＿。怒ったとしても、怒鳴ったり大声で叫ぶのではなく、＿＿＿＿＿＿＿＿＿＿＿＿＿＿＿＿＿＿＿＿＿＿＿＿＿＿＿＿＿＿＿。そうすると、子どもも自分のしたことの悪さを冷静に受け入れることができて、親も怒鳴らずに済むので両方楽になるのです。

DAY 14 청해체크 개요 이해 파악하기 ③

오늘의 듣기

M ： アニメーターとして仕事を始めるにあたって、私から一つアドバイスをするとしたら、日頃から「本当の人間のことを観察すること」です。アニメーターはアニメーションを作る人だから、アニメーションや漫画をよく知っていればそれでよいと思われがちですが、実は違います。アニメーションというのは結局人の物語を映像で表現するものです。ですから人のことを理解していないと、そのキャラクターの動きや行動自体が不自然になってしまい、リアリティに欠けてしまいます。なので、リアルから目を離さず、実際の人間を観察することを続けてくださいね。

男の人が最も言いたいことは何か。

1　いいアニメーションを作るために、実際の人間をよく観察するべきだ。
2　実際の人間より、アニメーションや漫画をよく知っていた方がいい。
3　アニメーターになるためには、アニメーションをよく見た方がいい。
4　大衆から拍手されるアニメーションを作るべきだ。

음성을 듣고 질문에 답하세요.

1　電気自動車に乗るのに適切な人はどんな人ですか。

　① 長時間運転することが多い人

　② 長距離運転が趣味な人

　③ 短距離を運転することが多い人

　④ 速いスピードを楽しむ人

2　もう1度聞いて、空欄を埋めてください。

　　F ： 電気自動車は、燃費が良く、環境への負担が少ないことから、

　　　　_____。
　　　　業界における関心も高く、高い開発費にもかかわらず、多くの自動車会社
　　　　が競って電気自動車を発売しています。ただ、電気自動車は走行距離が短
　　　　いため、_____。
　　　　また、ガソリンで走る自動車に比べると速度も落ちていますので、

　　　　_____。
　　　　なので、_____に最も向いて
　　　　いると言えます。

DAY 15  단원 정리 중간 점검 ③

음성을 듣고 질문에 답하세요.

1 女の人は、何について話していますか。

① 志望理由書の作成方法
② 志望理由書を書く上での注意点
③ 志望理由書に関する説明
④ 志望理由書の意味

2 もう1度聞いて、空欄を埋めてください。

F : 志望理由書を書く上で最も重要なことは、「学校の求めている人材」であることをアピールすることです。＿＿＿＿＿＿＿＿＿＿＿＿＿＿＿＿＿＿＿＿＿＿＿＿＿＿＿＿＿＿＿＿＿＿＿＿＿。当然、＿＿＿＿＿＿＿＿＿＿＿＿＿＿＿＿＿＿＿＿＿＿＿＿＿＿＿＿＿＿＿。だから、目標とする大学に合格するためには、＿＿＿＿＿＿＿＿＿＿＿＿＿＿＿＿＿＿＿＿＿＿＿＿＿＿＿＿＿＿＿＿＿＿＿＿＿を把握するべきです。

음성을 듣고 질문에 답하세요.

3 先生は、どうして男の人の論文を確認できないと言っていますか？

① 休みに入るから
② その研究はもうしていないから
③ 大学を移すから
④ 海外研修に行くから

4 もう1度聞いて、空欄を埋めてください。

M ： 先生、論文のテーマで相談したいことがありますが…。

F ： あ、目黒くん。悪いけど、当分、論文に関する質問がある場合は、

_____。

M ： え、何かあるのですか。

F ： うん、_____。
申し訳ないけど、その間は、森本先生がゼミを担当してくれることになったのよ。

M ： そうなんですか！確かに、今回の先生の論文は、日本ばかりか、世界で好評でしたからね。おめでとうございます。

F ： そこまでではないけど、ありがとう。最初は行くかどうか迷ったけど、

_____

_____と思ってね。

M ： それはいいですね。でも、どうしても先生に質問したいことがあった時は、メールしてもよろしいですか。

F ： うん、もちろん。時差があるだろうから、返事はちょっと遅くなるかもしれないけどね。

M ： ありがとうございます。

 **청해체크** 즉시 응답 공략

즉시 응답

1 지문의 특징

- 지문 종류: 일상 생활에 관련된 짧은 대화문
  - 지문과 선택지 모두 음성으로만 나옴
- 문제 유형: 발화문의 답변으로 적절한 것 찾기
- 지문 및 문제 수: 총 12문제

2 문제 공략법

- 메모하기
- 발화문을 듣고 어떤 내용인지 파악한다.
- 선택지에서 발화문과 가장 어울리는 것을 고른다.

3 문제 예시

F ： 私、スケートなんて5年ぶりだわ。できるかな。

M ： 1　大丈夫だよ。体が覚えているはず。

　　　2　5年も続けてるとかすごいね。

　　　3　5年も待たなければならないの？

음성을 듣고 알맞은 답을 골라 보세요.

1 下の欄に内容をメモして、正解にマークしてください。

① ② ③

① ② ③

2 もう1度聞いて、空欄を埋めてください。

1

M : 中村さん、今日中にこの仕事をしてもらえないかな。

F : 1 ＿＿＿＿＿＿＿＿＿＿＿＿＿＿＿…。

　　 2 すみません、遅くなりました。

　　 3 はい、今から向かいます。

2

F : よければ、今日のお昼、一緒にいかがですか。

M : 1 何時にお聞きしましょうか？

　　 2 ＿＿＿＿＿＿＿＿＿＿＿＿＿＿＿。

　　 3 何時にそちらに伺いますか。

오늘의 듣기

F : 鈴木(すずき)選手、またホームラン打ったんだって。

M : 1 ホームランって難しいよね。

　　　2 さすが、ベテランだけのことはあるね。

　　　3 ホームに入ったの？

M : 先生、宿題の期日、延ばしてくれないかな。

F : 1 期日延ばしてくれたの？

　　　2 宿題終わったの？

　　　3 絶対延ばしてくれっこないよ。

음성을 듣고 알맞은 답을 골라 보세요.

1 下の欄に内容をメモして、正解にマークしてください。

1

① ② ③

2

① ② ③

2 もう1度聞いて、空欄を埋めてください。

1

F ： 第1志望の企業に入社できて、うれしくてしょうがないよ。

M ： 1 _____。

　　　2 いいことでもあったの？

　　　3 何がしょうがないの？

2

M ： まだ中学生なのに料理ができるって偉いね！

F ： 1 _____。

　　　2 料理が上手になりたいです。

　　　3 誰が料理ができるんですか？

DAY 18  즉시 응답 파악하기 ②

오늘의 듣기

F : 課長、このファックス、もう買い替えるよりほかはないとのことです。

M : 1　じゃ、明日修理に出そう。

　　 2　そうか。じゃ、買わねばならないね。

　　 3　おかげで、買わずにすんだ。

F : この映画、無料でダウンロードできないかな。

M : 1　それは、法律で禁じられているよ。

　　 2　ダウンロードしたの？

　　 3　映画、見に行こうか！

음성을 듣고 알맞은 답을 골라 보세요.

1 下の欄に内容をメモして、正解にマークしてください。

1

① ② ③

2

① ② ③

2 もう1度聞いて、空欄を埋めてください。

1

M ： ただいま店内工事中につき、本日は休業させていただきます。

F ： 1 おめでとうございます。

     2 _____。

     3 工事はいつからですか？

2

F ： この音楽を聴くにつけて、中学3年の夏を思い出すよ。

M ： 1 _____？

     2 私は中学生の時、東京へ引っ越したよ。

     3 最近の中学生は大変だね。

113

DAY 19　청해체크　즉시 응답 파악하기 ③

오늘의 듣기

F ： このマンション、この間取りと周辺環境でこの家賃なんて、もう言うことなしね。

M ： 1　じゃ、やめておくか。

　　　2　やっぱり、ちょっと高い？

　　　3　これ以上いい物件、もうないよね。

M ： 部屋が片付かなくてストレスだよ。

F ： 1　一人で部屋の片づけをしたくらいで、偉そうに言ってるね。

　　　2　要らないものを捨てるほかないね。

　　　3　部屋の掃除といっても、ゴミを捨てたくらいだけどね。

음성을 듣고 알맞은 답을 골라 보세요.

1 下の欄に内容をメモして、正解にマークしてください。

1

① ② ③

2

① ② ③

2 もう1度聞いて、空欄を埋めてください。

1

M ： 私は4年間、日本の大学に通っていました。

F ： 1 _____。

　　 2 日本の大学に行きたいですか？

　　 3 日本の大学と韓国の大学の違いは何ですか？

2

M ： 地震に備えて、いろいろ非常食を買ったんだ。

F ： 1 非常食っておいしいの？

　　 2 _____。

　　 3 地震が起きたの？

확인 문제

DAY 20 단원 정리 중간 점검 ④

음성을 듣고 알맞은 답을 골라 보세요.

1 下の欄に内容をメモして、正解にマークしてください。

1️⃣

① ② ③

2️⃣

① ② ③

3️⃣

① ② ③

4️⃣

① ② ③

2 もう1度聞いて、空欄を埋めてください。

1

M：ごめん、今月はスケジュールがいっぱいで、どうしても会えないよ。

F：1 _____。

　　2 スケジュールを見てみるね。

　　3 今月は予定があまりないんだね。

2

F：会議室の雰囲気を変えたいけど。

M：1 会議室、なくなるのですか？

　　2 会議室、変わりましたか？

　　3 _____？

3

M：部長、報告書、できました。

F：1 _____。

　　2 報告書、書いてくれる？

　　3 それは真田さんにしてもらったんだ。

4

F：明日、日本語能力試験ね。勉強した？

M：1 明日、日本語能力試験なの？

　　2 _____。

　　3 もう試験は受けたよ。

 **청해체크** 통합 이해 공략

통합 이해

1 지문의 특징
   - 지문 종류: 여러 정보가 포함된 대화문
     - 어떤 강좌를 듣고 선택하는 내용의 대화문이 있음
     - 1, 2번은 지문과 선택지 전부 음성으로만 출제
     - 3번은 선택지 공개
     ★ 3번은 선택지가 2개
   - 문제 유형: 대화를 듣고 그에 맞는 정보 선택하기
   - 지문 및 문제 수: 지문 3개, 총 4문제

2 문제 공략법
   - 메모하기
   - 첫 문제(상황설명)을 듣고 상황과 주인공을 파악하기
   - 내용의 흐름과 결론을 파악하기
   - 두 번째 문제(문제의 의도와 선택지)를 듣고 내용과 일치하는 것 고르기
     - 3번 문제의 경우, 선택지를 미리 읽어두기

3 예상 질문

- ○○は、どうしますか。
- ○○は、どうやって~しますか。
- ○○は、□□についてどう思っていますか。
- ○○は、どれを選びますか。

음성을 듣고 질문에 답하세요.

1 女の人は、どの仕事を選びますか。

① スーパーマーケット

② コンビニ

③ レストラン

④ 定食屋

2 もう1度聞いて、空欄を埋めてください。

F ： すみません、パートのお仕事を紹介してもらいたいです。

_____、なかったら他の

仕事もいいです。_____

_____。

M ： ええと、そうですね。ご希望の条件に当てはまるのは4つございます。まず、

こちらのスーパーマーケットですが、_____

_____。_____。

あと、花園高校の近くにあるコンビニですね。_____

_____。

早朝は_____。

F ： どっちも条件はいいですね。迷うな。

M ： それから、ちょっと遠くなりますが、花沢大学の近くのレストランもあり

ます。時給は1,200円で、仕事内容としては、_____

_____。ただ、

_____。

F ： 土日ですか…。他にもありますか？

M ： そして、岩田神社の近くにある定食屋さんです。_____

_____。仕事内容は一応_____。

勤務日数を_____というのが一番のメリットですね。

F ： そうですね…。子どもがいるので土日や早朝は無理ですね。そしてできる

だけ時給が高いのがいいので…。これにします。

DAY 22　청해체크　통합 이해 파악하기 ①

오늘의 듣기

F1 : 今度の「年齢と結婚観の変化との関係」についての発表なんだけど、先生に構成についてもっと考えて、って言われたんだよね。どうしようかな。

M ： 今の構成って、確か前半で「結婚観に関する年齢別認識」を、後半で「結婚観が変化した理由」を述べているんだよね。前半が漠然としすぎるか。少しポイントを絞って、「昔と今の結婚観の違い」を入れてみようかな。

F2 : それじゃ、ちょっと後半と内容がかぶると思うけど…。

M ： そっか。

F2 : 後半の内容を変えたらどうかな。

M ： 例えば？

F2 : 前半に、「結婚観に関する年齢別認識」と「結婚観が変化した理由」を入れて、後半に「結婚観の変化による社会的な影響」と「これからの予測」を入れるとかね。

F1 : あ、いいね！ただ結婚観の変化だけを見せるばかりでなく、一歩先まで考えました、と。

M ： うん、いいと思う。じゃ、まずは、資料の整理から始めようか。

1. 発表の構成はどう変更しましたか。

1　後半の内容を前半に移し、後半に新しい内容を追加した。
2　前半に別の内容を追加した。
3　後半に別の内容を追加した。
4　前半の内容を後半に移して、前半に新しい内容を追加した。

음성을 듣고 질문에 답하세요.

1 男の人が、数学を勉強する理由は何ですか？

① アルバイト代がほしいから

② 将来に役立つと思うから

③ もっとうまく教えたいから

④ 経済学部で必要だから

2 もう1度聞いて、空欄を埋めてください。

M ： あーどうしよう。大変だ。

F ： どうしたの？

M ： それが、＿＿＿＿＿＿＿＿＿＿＿＿＿＿＿＿＿＿＿＿をお願いされたんだけど、どうしようかと迷ってね。

F ： あんた、数学得意じゃない。何が心配なの？大学でも数学、勉強しているじゃん。

M ： 中学まではできるんだよ。でも、高校生だからね…。入試の数学なんて、教えられる自信ないし、入試に落ちたらそれも怖いし。それに、僕って専攻が経済学だから少しできるだけで、あまり詳しくはないんだよ。

F ： じゃ、＿＿＿＿＿＿＿＿＿＿＿＿＿＿＿＿＿＿＿＿。

M ： …＿＿＿＿＿＿＿＿＿＿＿＿＿＿＿＿＿＿＿＿。友達の中に、とても数学が得意な人がいるから、その人に頼んでみるよ。高校時代の教科書もまだ持っているし、大変だろうけど、数学にもっと詳しくなれば、＿＿＿＿＿＿＿＿＿＿＿＿＿＿＿＿＿＿＿＿。この際に、＿＿＿＿＿＿＿＿＿＿＿＿＿＿＿＿＿＿＿＿＿＿＿＿＿＿。

F ： 偉いね。頑張って！

DAY 23　청해체크　통합 이해 파악하기 ②

오늘의 듣기

F1 : いらっしゃいませ。うちのおにぎりは、一般のおにぎりとは全然違います。例えば、このおにぎりですが、すき焼きの材料を具にしていまして、おにぎりを食べているのに、まるですき焼き定食を食べているような気がするのです。また、こちらのおにぎりにはカレーが入っていて、お母さんのカレーが食べたくなった時におすすめです。なお、キャビアやフォアグラが入った高級おにぎりもございます。簡単に高級料理のお味が楽しめるのがポイントです。また、ミニうどんセットもございますので、ぜひ、召し上がってみてください。

M : どれにする？どれもおいしそうだな。

F2 : フォアグラおにぎりとか食べてみたい！

M : でも、高いよ。ほら、600円もするじゃん。

F2 : そうね…。でも、フォアグラを食べるにしては安いじゃない？

M : 確かにそれはそうだけど…。僕は、キャビア、食べてみたいかも。

F2 : 私は、やっぱり最初から食べてみたかったものにする！

M : 大胆だね。じゃ、僕は…、お腹空いているし、外寒くて温かいものもほしいから、セットにしよう。

F2 : じゃ、注文しようね。

1. 男の人は、何を注文しますか。

1　すき焼きおにぎり
2　カレーおにぎりセット
3　キャビアおにぎりセット
4　フォアグラおにぎり

2. 女の人は、何を注文しますか。

1　フォアグラおにぎりセット
2　フォアグラおにぎり
3　すき焼きおにぎり
4　カレーおにぎりセット

음성을 듣고 질문에 답하세요.

1 石田さんは、どこを見に行きますか。
① 淀川通り ② 恵比寿通り ③ 西城通り ④ 山中通り

2 安田さんは、どこを見に行きますか。
① 淀川通り ② 恵比寿通り ③ 西城通り ④ 山中通り

3 もう1度聞いて、空欄を埋めてください。

M ： 今日は、放置されている_____
_____。よく苦情が寄せられている地域の現状を説明しますので、説明の後、_____
_____。まず、_____。ここは近くに
_____、そこの歩道によくキックボードが置かれているとのことです。ここは_____、
安全面を心配する声が多いです。次は_____。ここは、駅前の大通りで、歩道のあちこちにキックボードが置き去りにされていて、
_____。次は川沿いの
_____、ここは_____ですが、放置された
キックボードにぶつかって_____。
最後は_____。ここは商店街ですが、入り口にたくさんの放置
キックボードがあって、_____ということで、
対策が求められています。

F1 ： 安田さん、どこにする？この前、子どもの学校に行ったら、車も多いのにキックボードのせいで子どもたちが車道で歩いていたの。

F2 ： それは危ないね！私も、子どもがそろそろ小学校に上がる頃だから、そこは心配になるわ。じゃ、石田さんは_____？

F1 ： うん、そうしようと思う。_____？

F2 ： あ、私は、_____、そこの問題にも興味があるんだよね。

F1 ： ああ、安田さんは確かに毎日、_____。じゃ、別々に回ろうか。

123

DAY 24 청해체크 통합 이해 파악하기 ③

오늘의 듣기

F1 ： ご希望の条件に合う物件は4つほどあります。まず、こちらの「スターハイツ横浜(よこはま)」ですが、お二人の会社とも近く、繁華街の近くにありますので、夜遅くご帰宅になってもとても安心です。家賃は、75,000円です。次は「ハウスみなとみらい」ですが、こちらは公園沿いの、とても静かで心地よいマンションです。家賃は、月65,000円です。また人気があるのが、こちらの「メゾン神奈川(かながわ)」ですが、こちらは近くに小学校や保育園が揃っており、商店街も近いですので、お子様がいらっしゃるご家庭におすすめです。家賃はスターハイツと同じです。最後は「ベリセルハイツ」ですが、こちらは近くにスーパーやドラッグストアがあって、便利です。家賃はハウスみなとみらいより5,000円高いですね。

M ： 僕は、繁華街近くがいいな。会社にも近いし。

F2 ： でも、繁華街に近いと朝晩うるさいよ。落ち着かないでしょう。

M ： でも、会社から近いから、すぐ帰れるじゃん。

F2 ： それはそうだけど…。あ、やっぱりだめ。うるさいと落ち着きがないわ。

M ： じゃ、どこにする？

F2 ： これから子どももできることを考えたら、こっちの方がいいかと思うけど。こっちにしよう。

M ： 最初から決まってたんだな。

F2 ： ほら、早くハンコ出して。

1. 男の人は、どこに住みたかったですか。

1　ベリセルハイツ
2　スターハイツ横浜(よこはま)
3　ハウスみなとみらい
4　メゾン神奈川(かながわ)

2. 女の人は、どんなところに住みたいのですか。

1　繁華街に近いところ
2　便利で楽なところ
3　うるさくなく、子どもを育てられるところ
4　家賃が安いところ

음성을 듣고 질문에 답하세요.

1 二人はどのドライヤーを買うことにしましたか。

① 前のと全く同じもの

② 前よりちょっと大きい、折りたためないもの

③ 前より大きく、一番高いもの

④ 前より大きめの、風量や種類が選べないもの

2 もう1度聞いて、空欄を埋めてください。

F ： ね、あなた、そろそろ＿＿＿＿＿＿＿＿＿＿＿＿＿＿＿＿＿＿＿＿。

M ： そうか。最近調子悪かったからな。じゃ、ショッピングモールにでも行こうか。

F ： その前に、＿＿＿＿＿＿＿＿＿＿＿＿＿＿＿＿＿＿＿＿＿＿＿＿＿？

M ： リストアップまで？すごいね。どうぞ。

F ： 一つ目は、＿＿＿＿＿＿＿＿＿＿＿＿＿＿＿＿＿＿＿＿＿。風量も

同じくらいだって。＿＿＿＿＿＿＿＿＿＿＿＿＿＿＿。6,000円。二つ目は、

＿＿＿＿＿＿＿＿＿＿＿＿＿＿＿＿＿＿＿＿＿＿＿＿＿＿＿＿＿＿＿。

これは、7,500円。でも＿＿＿＿＿＿＿＿＿＿＿＿＿＿＿＿＿＿＿。

M ： ＿＿＿＿＿＿＿＿＿＿＿＿＿＿＿＿＿＿＿＿。それ、乾かすのに時間かかり

すぎるからな。

F ： 私は、折りたためるのが気に入っていたけどね。

次は、16,500円で＿＿＿＿＿＿＿＿＿＿＿＿＿＿＿＿＿＿＿＿＿＿、

風量や種類も5段階で選べるんだよね。＿＿＿＿＿＿＿＿＿＿＿＿＿＿＿＿。

最後のは、10,000円だけど、サイズがちょっと大きめで風量も選べないん

だって。＿＿＿＿＿＿＿＿＿＿＿＿＿＿＿＿＿＿。

M ： どうせ買うんだったら、＿＿＿＿＿＿＿＿＿＿＿＿＿＿＿＿＿＿＿＿＿＿。

それに、コンパクトで＿＿＿＿＿＿＿＿＿＿＿＿＿＿＿＿＿＿＿＿＿

と思うよ。

F ： わかった。じゃ、これにするね。

DAY 25 단원 정리 중간 점검 ⑤

음성을 듣고 질문에 답하세요.

1 男の人は、店員の説明を聞いてどうすることにしましたか。

① スープを注文しないことにした

② マッシュルームスープを注文することにした

③ クリームスープを注文することにした

④ 200円を追加して、トマトスープに変更してもらうことにした

2 もう1度聞いて、空欄を埋めてください。

F1 ： 本日のランチセットは、コーンスープにマルゲリータピザ、クリームパスタとシーザーサラダですって。おいしそうですね。

M ： え、コーンスープか。＿＿＿＿＿＿＿＿＿＿＿＿＿＿＿…。

F1 ： じゃ、コーンスープだけ変えてもらったらいかがですか？あの、すみませーん。

F2 ： はい、ご注文承ります。

M ： あの、ランチセットのコーンスープ、＿＿＿＿＿＿＿＿＿＿＿＿＿？食べられなくて…。

F2 ： そうですね。でしたら、＿＿。ただし、＿＿＿＿＿＿＿＿をお選びの場合、＿＿＿＿＿＿＿＿＿がございます。

M ： ＿＿＿＿＿＿＿いいな。じゃ、それでお願いします。

F2 ： かしこまりました。他は大丈夫ですか？

F1 ： はい、大丈夫です。ランチセット2つお願いします。

F2 ： すぐにお持ちいたします。

음성을 듣고 질문에 답하세요.

3 女の人は、どの学年に申し込みますか？

① 低学年（ていがくねん）　② 中学年（ちゅうがくねん）　③ 高学年の一般コース（こうがくねん）　④ 高学年の中学受験コース（こうがくねん）

4 男の人は、どの学年に申し込みますか？

① 低学年（ていがくねん）　② 中学年（ちゅうがくねん）　③ 高学年の一般コース（こうがくねん）　④ 高学年の中学受験コース（こうがくねん）

5 もう1度聞いて、空欄（くうらん）を埋（う）めてください。

F1：今回の教育実習では、ご希望の学年をお選びいただくことが可能です。1年生、もしくは2年生が良いという方は、＿＿＿＿＿＿＿＿＿＿＿＿＿＿＿＿＿＿＿＿＿＿＿＿＿＿＿＿＿。3年生、もしくは4年生が良い方は、＿＿＿＿＿＿＿＿＿＿＿＿＿＿＿＿＿＿＿＿＿＿＿＿＿＿＿＿＿。＿＿＿＿＿＿＿＿＿＿＿＿＿＿＿＿＿＿。＿＿＿＿＿＿＿＿＿＿＿＿＿＿＿＿＿＿＿＿＿＿＿＿＿＿＿＿＿＿＿。高学年（こうがくねん）は＿＿＿＿＿＿＿＿＿＿＿＿＿＿と＿＿＿＿＿＿＿＿＿＿＿＿＿＿の二つに分かれていますので、＿＿＿＿＿＿＿＿＿＿＿＿＿＿＿＿＿＿＿は、＿＿＿＿＿＿＿＿＿＿＿＿＿＿＿＿＿＿をお選びください。申し込みの締め切りは来週の月曜日ですので、くれぐれも遅れないようにしてください。

F2：どれにする？私は、＿＿＿＿＿＿＿＿＿＿＿＿＿＿＿＿＿＿＿＿＿＿＿。

M：え？大変じゃないかな。1年生とか2年生は、＿＿＿＿＿＿＿＿＿＿＿＿＿＿＿＿＿＿＿＿あるって、この前先輩から聞いたよ。トイレの世話もしなくちゃいけないんだって。

F2：だけど…、子ども好きだし、低学年（ていがくねん）からしっかり経験を積みたいんだよね…。

M：実習は2週間だけだから、そんなに経験を積むことはできないと思うよ。＿＿＿＿＿＿＿＿＿＿＿＿＿＿＿が、世話することも少なくて、楽じゃないかな。

F2：それもそうね。＿＿＿＿＿＿＿＿＿＿＿＿＿＿＿＿＿＿＿＿＿。あなたは？

M：僕はもともと＿＿＿＿＿＿＿＿＿＿＿＿＿＿＿＿＿＿＿＿＿＿＿＿＿＿…。それに、＿＿＿＿＿＿＿＿＿＿＿＿＿＿＿＿＿＿＿クラスの雰囲気はどうか気になることもあるし。こっちにしようかな。

F2：あなたにぴったりだと思うよ。

DAY 26　실전 문제　과제 이해

1番

1　駐車場の申込書を書く
2　身分証をコピーする
3　区役所に行く
4　車両情報の書類を探しておく

同じマンションの男の人と女の人が話しています。女の人は、このあとまず何をしますか。

F：あ、中谷さん、中谷さんって、確か近くの公共駐車場を借りて、そこに車を駐車していますよね？

M：あ、はい。そうです。うちのマンション、車1台までしか駐車できないですからね。でも、うちは私も妻も車を持っているので。

F：そうなんですね。実は、私たちも今度新しい車をもう1台買うことになったんですが、駐車に困っていて。だからといってコインパーキングとかは高いですし。どうやって申し込みするか教えていただけますか？

M：そうですね。区役所で申し込めばいいんですが、ただ、締め切りが毎月15日ですからね。明日で終わりますよ。

F：え、本当ですか。急がなくちゃ。申込書って区役所でいただけますか？

M：はい。あと、身分証のコピーも必要ですが、それは、区役所でできますから大丈夫です。

F：本当にありがとうございます。他に、何か持ってくるものはありますかね。

M：登録する車の車両情報が書かれている書類も提出しなければなりません。

F：あ、そうですか。まずそれから探さなければならないですね。

女の人は、このあとまず何をしますか。

1番

1　温かい服を買う
2　会社のパンフレットを用意する
3　名刺を用意する
4　イギリスの地図を用意する

2番

1　ホテルを探す
2　沖縄の観光スポットを探す
3　旅行の予定を立てる
4　沖縄料理のお店を探す

DAY 27　실전 문제　포인트 이해

1番

1　値段が安いから
2　見た目がかわいいから
3　生まれた時の感動をいつまでも覚えられるから
4　たくさん必要だから

お母さんと娘が話しています。お母さんは、どうして出産のお祝いにバースデーベアを選びましたか？

F1：　あらま、二宮(にのみや)さんのお宅、やっと生まれたらしいわ。かわいい女の子だって。

F2：　どれどれ？へー！生まれたんだ！かわいい！

F1：　出産祝いを贈らなきゃ。何がいいと思う？

F2：　そうね。無難にベビー服とかは？

F1：　それはもうたくさん持ってるでしょう。もっと特別なものはないかしら。

F2：　じゃ、バースデーベアにしたらどう？

F1：　何、それ？

F2：　子どもが生まれた時と同じ重さのクマのぬいぐるみなの。最近若いお母さんの間で流行ってるんだってさ。ほら、こんなのなんだけど、見た目もかわいいし、いつまでも生まれた時の重さだから、子どもが生まれた時の感動をずっと覚えてられるんだって。

F1：　あら、とてもいいじゃない。それにしようかな。

F2：　でも、オーダーメイドだから、ちょっと高いよ。1万円ぐらい。

F1：　大丈夫。それくらいは出すつもりだったから。

お母さんは、どうして出産のお祝いにバースデーベアを選びましたか？

1番

1　子どもの生活や教育を支援するため
2　子どものかわいさを知らせるため
3　子どもが苦しんでいると知らせるため
4　子どもでもかわいいデザインが作れると知らせるため

2番

1　甘いものを食べすぎたから
2　スクーター同士がぶつかったから
3　スクーターで転んだから
4　車に足をひかれたから

DAY 28　실전 문제　개요 이해

ラジオで、大学の教授が話しています。

F：この時期になると、風邪で苦労している方も多いでしょう。昔から、ネギを首に巻いていると風邪が治ると言われてきましたが、本当でしょうか。ネギには特有のつんとした匂いがありますね。この匂いは「アリシン」という成分によるものですが、このアリシンは風邪にも効果があるのです。ですので、首にネギを巻くと、アリシンが鼻から吸収され、風邪が治るということです。

この教授は、何について話していますか。

1番

1　アリシンの意味
2　風邪とネギの関係
3　ネギのおいしい食べ方
4　風邪に効くお茶

1番

2番

실전 문제 즉시 응답

F : 今日、ちょっと仕事が多いんだけど、残って一緒に仕事してもらえるかな。

M : 1 今日ですか?わかりました。

　　2 電車が止まって、遅れました。

　　3 残っているのはこれだけですか。

M : 井料(いりょう)さん、また世界史の試験で1位だったよ。

F : 1 あの子は、歴史は嫌いだから。

　　2 あの子は、世界史にかけては、先生よりも詳しいから。

　　3 あの子は、勉強しなかったから。

1番

2番

DAY 30　실전 문제　통합 이해

1番

男の人と女の人が話しています。

F ： あ、小形(おがた)くん！よかった。ちょっと、これ持ってくれる？

M ： どうしたの？袋いっぱい、洋服が入っているじゃん。

F ： うん、もう着られなくなった服なんだけど、これ、寄付(きふ)するの。

M ： 寄付(きふ)？どこに？

F ： 近くに区役所があるでしょ。そこに、もう着なくなったきれいな服を持っていくと、服がなくて困っている人に無償で配ってくれるんだって。私、1年前からずっと寄付(きふ)しているの。

M ： へぇ、偉いね。でも、もったいなくない？だって、また着るかもしれないし。

F ： いや、どうせもう着ないし、だったら捨てるよりほかないけど、それってただの資源の無駄遣(むだづか)いじゃん。それよりは、誰かにこの服を着てもらった方が絶対いいから。

M ： すごいな。僕もそうしようかな。

F ： 絶対いいと思うよ。

女の人は、どうして服を寄付(きふ)するのですか。

1　着なくなった服をただ捨ててしまうのはもったいないから
2　いいことがしたいから
3　服がない人に直接服を渡したいから
4　新しい服を置く場所がないから

1番

2番

質問1　男の人の計画は、どんな店と関係がありますか。

1　観光客が泊まる伝統家屋ホテル
2　外国人専用のホテル
3　伝統家屋を使った洋服店
4　伝統家屋を使ったカフェやレストラン

質問2　この町は、どうして町の再活性化を図ったのですか。

1　産業の形の変化により、町の活気がなくなってきたため
2　若者を町に戻すため
3　伝統家屋に住む人がいなくなったため
4　伝統家屋を現代的に改造するお金がほしかったため

1. ③
2. ④

해석   스포츠에 '룰'은 왜 있는 것일까요?
　　　스포츠는 '즐기기' 위해 있는 것으로, 그러기 위해서는 '안전'하고 '공평'할 필요가 있습니다. 룰은 그것을 지키기 위해 있는 것으로, 결코 '이기는' 것이 목적이 아닙니다. 반대로 말하자면, '이기기'만을 위해 만들어진 룰은 필요 없는 것으로, 그것만이 목적이 되었다면, 그것은 이미 스포츠로서의 가치가 없어진 것과 같습니다.

1. ③
2. ①
3. ③

해석   무엇이든 익숙해지는 것이 중요하다. 예를 들면, 나는 지금 태국이라는 동남아시아의 나라에 살고 있는데, 여기에는 고수라는 향신료가 있다. 처음에는 아무리 해도 먹을 수 없었지만, 완전히 태국에 익숙해진 지금은, 고수가 들어 있지 않으면, 뭔가 부족한 기분이 든다.
　　　운동도 같아서, 익숙해지기까지는 계속하는 것이 힘들지만, 막상 익숙해지면 운동의 즐거움을 알게 되어서 그만둘 수 없게 된다. 그러니까, 지금 힘들더라도 익숙해질 때까지 포기하지 않고 계속하는 것이 중요한 것이다.

1. ④
2. ②
3. ①

해석   2018년 8월 1일
　　　사원 여러분
　　　　　　　　　　　　　　　　　　　　　　　　　　　　　　　　　　　　　　총무부
　　　　　　　　　　　　　　　　　냉방 사용에 대한 부탁
　　　본격적인 여름을 맞이하여, 냉방 사용이 급증하고 있습니다. 7월 전기요금은 전년도 같은 달에 비해 30% 증가했습니다. 또한, 냉방에 의해 실내 온도가 급격히 내려간 것으로 냉방병의 증상을 호소하는 분들도 늘어났습니다.
　　　그래서 회사에서는 절전과 냉방병의 방지를 위해 금일부터 실내 온도 설정을 27도로 하겠습니다. 또한, 사용하지 않는 장소나 퇴근 시 냉방 전원을 끄는 것을 잊지 않도록, 아무쪼록 주의해 주세요.
　　　또, 금일부터 9월 15일의 기간 동안 반소매 셔츠 및 노 넥타이가 가능해집니다. 여러분의 협력을 부탁드립니다.

DAY 04

1 ①

2 ④

3 ②

해석 일본인이 좋아하는 반찬 3위에는 언제나 랭크인하는 돼지고기 생강 구이. 매우 맛있을 뿐만 아니라, 만드는 법도 간단해서 인기가 높다. 맛있는 돼지고기 생강 구이를 만드는 방법은 다음과 같다. ①간 생강 1큰술, 간장 2큰술, 미림 1큰술, 설탕 1큰술을 섞어 양념을 만들어 둔다. ②얇게 자른 돼지고기 로스 부위를 프라이팬에서 가볍게 굽는다. 불의 세기는 중불이 좋다. ③구운 고기 위에 아까 만들어 둔 ①을 끼얹고, 국물이 없어질 때까지 중불로 볶는다. ④완성되면 접시에 옮기고, 잘게 자른 양배추를 접시에 올린다. 이걸로, 당신도 맛있는 돼지고기 생강 구이를 만들 수 있을 것이다.

DAY 05

1 ②

해석 최근, 무알코올 맥주가 유행하고 있다. 무알코올 맥주란 알코올 도수 1% 미만의 맥주 맛이 나는 음료수를 말한다. 알코올이 별로 포함되어 있지 않기 때문에 음주운전의 걱정도 없고, 술을 못 마시는 사람도 술자리를 즐길 수 있기 때문에 인기가 있다고 한다. 게다가, 알코올에 의한 장기의 부담도 없어, 특히 젊은 여성을 중심으로 인기가 높아지고 있다는 모양이다. 이에 따라, 요즘에는 어느 주류회사에서도 경쟁적으로 무알코올 맥주를 내고 있다.

2 ①

해석 아들의 대학 졸업식에 앞서 정장을 사러 갔을 때의 일입니다. 가게 안에는 여러 가지 포스터가 붙어 있었는데, 그중에서도 나의 눈길을 끈 것은 졸업 여행 포스터였습니다. 여행지로는, 가깝게는 대만이나 중국, 한국도 있고, 멀리는 유럽이나 미국, 캐나다 등도 있었습니다. 나의 대학 시절에는 졸업여행이라고 해도 기껏해야 오키나와 정도로, 그것도 웬만해서는 갈 수 없었습니다만, 지금의 대학생들은 빨리도 세계의 여러 문화를 즐길 수 있구나, 라고 생각했더니 부러워졌습니다.

DAY 06

1 ②

2 ④

해석 인간을 닮은 로봇을 만들고 싶다는 것은 과학자의 오랜 꿈입니다. 과학은 그를 위해 발전했다고 해도 좋은 정도입니다. 인간을 닮았고, 인간과 소통할 수 있고, 또 인간을 도와주는 존재. 어째서 우리들은, 그런 존재에 이렇게까지 집착하는 걸까요.

그것은 아마, 우리들 인간이 탄생하고 나서부터 계속 생각해 왔던 '존재의 의의'와 관계가 있을 것입니다. 우리들은 언제나 자신을 완벽히 이해해 주고, 그리고 의지가 되는 누군가를 계속해서 찾고 있습니다. 그리고 될 수 있으면 그 존재가 언제까지나 계속 곁에 있어 주었으면 합니다.

그런 의미에서는, 로봇만큼 그에 걸맞은 것은 없습니다. 언제까지나 곁에 있어 주는, 나와 닮았고, 나를 완벽히 이해해 주는 존재이니까요. 어떤 의미에서는, 로봇 개발을 위한 기술력이 여기까지 발전할 수 있었던 것은, 인간의 '외로움' 덕일지도 모르겠네요.

DAY 07

1 ②
2 ④
3 ①

해석 프리랜서로 일하면서 자주 듣는 말이, "프리랜서니까 누구에게도 속박당하지 않고 편하게 일할 수 있지? 스트레스도 없고 좋겠다."입니다. 그러나 사실은, 프리랜서이기 때문에 인간관계나 속박을 고민하게 되는 것입니다.

프리랜서는, 확실히 정해진 회사에 속해있거나 하지는 않습니다. 즉 정해진 시간에 출근해야만 하는 것도 아니고, 지각 같은 것도 없습니다. 어떤 의미에서는 시간적인 여유는 있습니다만, 반대로 말하면 모든 시간 관리를 스스로 하지 않으면 안 된다는 것입니다. 더블 체크를 해 줄 동료도 없고, 마감을 정해줄 상사도 없습니다. 즉, 일에 대한 책임이, 일반 회사원보다도 무겁다는 것입니다.

DAY 08

1 ①
2 ④
3 ②

해석 게다가 프리랜서는, 고객과의 관계가 너무 가깝습니다. 그 때문에, 가끔은 이쪽 사정도 상관없이 일을 의뢰해 오는 고객에게도 대응해야만 합니다. 또, 고객과의 관계가 나빠지면, 다음 일을 받을 수 없는 가능성도 있기에, 항상 고객 관리에 힘을 써야만 합니다. 내 주위에도 이러한 고객과의 인간관계로 고민을 하고 있는 프리랜서는 많이 있습니다. 또, 일의 양이 일정하지 않기에 수입도 불안정합니다.

사람은 모두 '남의 떡이 커 보인다'이기에, 자기가 경험하지 않은 것에 대해서는 가볍게 생각해 버리는 경향이 있습니다. 그러나, 사실은 모두가 각자의 힘듦을 끌어안고 있다는 것을 안다면, 좀 더 서로를 이해할 수 있게 되지 않을까요.

DAY 09

1 ①
2 ②
3 ③

해석 프리랜서로 일하면서 자주 듣는 말이, "프리랜서니까 누구에게도 속박당하지 않고 편하게 일할 수 있지? 스트레스도 없고 좋겠다."입니다. 그러나 사실은, 프리랜서이기 때문에 인간관계나 속박을 고민하게 되는 것입니다.

프리랜서는, 확실히 정해진 회사에 속해있거나 하지는 않습니다. 즉 정해진 시간에 출근해야만 하는 것도 아니고, 지각 같은 것도 없습니다. 어떤 의미에서는 시간적인 여유는 있습니다만, 반대로 말하면 모든 시간 관리를 스스로 하지 않으면 안 된다는 것입니다. 더블 체크를 해 줄 동료도 없고, 마감을 정해줄 상사도 없습니다. 즉, 일에 대한 책임이, 일반 회사원보다도 무겁다는 것입니다.

게다가 프리랜서는, 고객과의 관계가 너무 가깝습니다. 그 때문에, 가끔은 이쪽 사정도 상관없이 일을 의뢰해 오는 고객에게도 대응해야만 합니다. 또, 고객과의 관계가 나빠지면, 다음 일을 받을 수 없는 가능성도 있기에, 항상 고객 관리에 힘을 써야만 합니다. 내 주위에도 이러한 고객과의 인간관계로 고민을 하고 있는 프리랜서는 많이 있습니다. 또, 일의 양이 일정하지 않기에 수입도 불안정합니다.

사람은 모두 '남의 떡이 커 보인다'이기에, 자기가 경험하지 않은 것에 대해서는 가볍게 생각해 버리는 경향이 있습니다. 그러나, 사실은 모두가 각자의 힘듦을 끌어안고 있다는 것을 안다면, 좀 더 서로를 이해할 수 있게 되지 않을까요.

DAY 10

1 ①

2 ②

3 ④

해석　최근 매스컴에서 자주 '흐트러진 일본어'를 문제시하는 목소리가 나오고 있다. '흐트러진 일본어'란, 예를 들어 가능표현의 'ら'를 빼고 말하는 'ら 생략어'와 같이, 문법으로 정해져 있지 않은 표현을 사용해 버리는 것을 말한다. 어느 학자는 흥분한 목소리로, "그런 너무나 흐트러진 일본어를 사용해 버리면, 언젠가는 일본어의 아름다움이 없어질 것이다!"라고 뜨겁게 논하고 있었다.

그러나, 나는 그것은 이상하다고 생각한다. 애초에, '언어'도 '문법'도, 처음부터 지금의 모습이었던 것은 아니다. 옛날 옛적의, 예를 들어 헤이안 시대의 일본어 같은 것은 지금과는 발음도 모양도 달랐고, 고작 50년 전의 일본어조차 지금과는 표기부터 다른 것도 많다. 그 시대를 산 사람 입장에서 보자면, '지금의 일본어'는, 그야말로 '오류투성이'의 '흐트러진 일본어'가 될 것이다.

언어는, 원래 변화해 가는 것으로, 좀 더 사람이 발음하기 편하고 구분하기 편한 쪽으로 바뀌어 가는 것이 당연한 것이다. 즉, 지금은 '흐트러졌다'고 여겨지는 표현이라도, 앞으로 10년, 20년이 지나면, 어떻게 변할지 아무도 모른다. 그러니까, 너무 '바른' 일본어에는 집착하지 않아도 된다고 생각한다.

DAY 11

1 ②

2 ③

해석　A

최근, '~가 되겠습니다'나, '~로 괜찮으셨을까요?' 등의 '틀린 경어'가 자주 사용되고 있다. 패밀리 레스토랑이나 편의점 등에서 그러한 말을 들을 때마다, 어쩔 줄 모르는 위화감을 느껴 버린다. 언어는, 좀 더 바르게, 그리고 정중하게 사용해 주었으면 한다.

B

경어도 변화하고 있다. 개중에는 그런 변화를 '틀렸다'고 여기는 사람도 있지만, 니는 오히려 '상냥함'을 겉으로 드러낸 결과라고 생각한다. 물론 처음 들었을 때 위화감을 느끼지 않았다고 하면 거짓말이지만, 고객에게 좀 더 상냥하게, 친절하게 들리도록 고찰해 온 것이라고 생각하면, 왠지 마음이 따뜻해진 것이다.

DAY 12

1. ②
2. ③
3. ④

해석 A

　　초등학교 교육에서의 영어 교육에 대해서는 지금도 여러 가지 의견이 나오고 있지만, 나는 될 수 있으면 초등학교부터 영어를 공부하게 해야만 한다고 생각한다.

　　세계의 글로벌화는 나날이 진행되고 있어, 앞으로는 세계의 사람과 경쟁해 가는 사회가 되어갈 것이다. 이러한 글로벌 사회에서 우리들 일본인이 살아남고, 글로벌 사회에서 활약하는 인재를 기르기 위해서는 영어 실력은 반드시 필요하다. 그러나 영어라는 것은 일본어와 문법부터 어순까지 다르므로, 어른이 되고 나서 배우기에는 꽤나 고생하는 부분이 있다.

　　그러니까, 영어 실력을 더 좋게 하기 위해서는 습득이 빠른 어린 시절부터 영어에 익숙하게 하여, 거기서부터 기초적인 영어 실력을 확실히 익히게 해야만 한다. 그런 의미에서, 초등학교에서의 영어 교육은, 이제 빠뜨릴 수 없는 것이라고 생각한다.

DAY 13

1. ③
2. ①
3. ①

해석 B

　　최근, 초등학교에서부터 영어를 공부하게 하자는 의견이 높아지고 있습니다. 확실히, 글로벌 사회에서 살아가기 위해서는 영어 실력을 빠뜨릴 수 없습니다. 그렇다고는 해도 초등학생에게 영어를 가르치는 것은 언어를 잘하게 된다는 측면에서, 별로 바람직하지 않습니다.

　　초등학생은 아직 모국어인 일본어조차 제대로 익히지 못했습니다. 그래서, 사고력과 밀접한 관계가 있는 언어 표현력도 아직 완벽하지 않아요. 그런데도 갑자기 어린이에게 영어를 강요하면 어린이는 일본어와 전혀 다른 영어의 체계에 곤란해할 뿐으로, 언어 표현력이나 사고력의 발달로부터는 멀어지게 되는 것이죠.

　　그러니까, 그동안은 영어를 강요할 것이 아니라, 어린이의 언어 표현력과 사고력이 발달하도록 지켜보는 시기라고 생각합니다. 영어는, 스스로 일본어와의 차이를 알게 되고, 영어로도 충분히 언어로써 표현할 수 있게 되고 나서 공부해도 늦지 않아요.

DAY 14

1. ④
2. ①
3. ③

해석 A

　　초등학교 교육에서의 영어 교육에 대해서는 지금도 여러가지 의견이 나오고 있지만, 나는 될 수 있으면 초등학교부터 영어를 공부하게 해야만 한다고 생각한다.

　　세계의 글로벌화는 나날이 진행되고 있어, 앞으로는 세계의 사람과 경쟁해 가는 사회가 되어갈 것이다. 이러한 글로벌 사회에서 우리들 일본인이 살아남고, 글로벌 사회에서 활약하는 인재를 기르기 위해서는 영어 실력은 반드시 필요하다. 그러나 영어라는 것은 일본어와 문법부터 어순까지 다르므로, 어른이 되고 나서 배우기에는 꽤나 고생하는 부분이 있다.

그러니까, 영어 실력을 더 좋게 하기 위해서는 습득이 빠른 어린 시절부터 영어에 익숙하게 하여, 거기서부터 기초적인 영어 실력을 확실히 익히게 해야만 한다. 그런 의미에서, 초등학교에서의 영어 교육은, 이제 빠뜨릴 수 없는 것이라고 생각한다.

B

최근, 초등학교에서부터 영어를 공부하게 하자는 의견이 높아지고 있습니다. 확실히, 글로벌 사회에서 살아가기 위해서는 영어 실력을 빠뜨릴 수 없습니다. 그렇다고는 해도 초등학생에게 영어를 가르치는 것은 언어를 잘하게 된다는 측면에서, 별로 바람직하지 않습니다.

초등학생은 아직 모국어인 일본어조차 제대로 익히지 못했습니다. 그래서, 사고력과 밀접한 관계가 있는 언어 표현력도 아직 완벽하지 않아요. 그런데도 갑자기 어린이에게 영어를 강요하면 어린이는 일본어와 전혀 다른 영어의 체계에 곤란해할 뿐으로, 언어 표현력이나 사고력의 발달로부터는 멀어지게 되는 것이죠.

그러니까, 그동안은 영어를 강요할 것이 아니라, 어린이의 언어 표현력과 사고력이 발달하도록 지켜보는 시기라고 생각합니다. 영어는, 스스로 일본어와의 차이를 알게 되고, 영어로도 충분히 언어로써 표현할 수 있게 되고 나서 공부해도 늦지 않아요.

1 ③

2 ③

3 ①

해석 A

잘 알려진 이야기지만, 일본은 재해가 많은 나라이다. 지진을 비롯해 태풍이나 화재 등 역사를 되돌아봐도 일본은 많은 재해를 경험해 왔다. 그러니까, 일본인에게 재해로부터 몸을 지킨다는 것은 무엇보다도 중요한 것으로 초등학생이 메는 란도셀도 그러한 재해로부터 어린이를 지키기 위해 생긴 것이다.

란도셀은 확실히, 일반 가방과 비교하면 가죽으로 만들어져 있기에 매우 무겁고 메기에도 많은 부담이 된다. 그러나, 쿠션 역할을 하기에 막상 재해가 일어났을 때, 떨어지는 파편으로부터 자기 머리나 몸을 지킬 수 있다. 이런 것들로부터도, 란도셀은 어린이의 안전을 위해 반드시 **필요한 것**이다

B

란도셀은, 아이의 안전을 위해서라도 없애서는 안 된다, 는 목소리가 있습니다만, 나는 아무래도 그렇게는 생각되지 않습니다.

확실히 란도셀은 튼튼합니다. 자동차에 부딪혀도 망가지는 일은 별로 없어요. 그러나 그것은 란도셀만 그런 것으로, 어린이는 자주 자동차에 부딪혀 큰 부상을 입는 경우가 많습니다. 란도셀이 정말 안전하다면, 어린이가 사고를 당해도 큰 부상을 입는 일은 없을 터이지만, 왜인지 그런 경우는 듣지 못했습니다. 즉, 주장과는 달리, 별로 어린이의 안전에 도움이 되지 않는다는 것이네요. 그런 주제에 너무 무거워서 란도셀 탓으로 허리를 다치는 초등학생은 적지 않은 것 같습니다.

정말로 어린이를 생각한다면, 재해나 사고에 대한 안전교육을 확실히 행하고, 성장을 방해하는 란도셀 대신 가볍고 들기 쉬운 가방으로 하는 편이 좋지 않은가, 하고 생각하게 되는 것은, 어떤 의미로는 어쩔 수 없네요.

DAY 16

1. ①
2. ④

해석 환경오염에 의해 지구가 멸망할 가능성이 있다고 자주 듣고 있지만, 정말로 그럴까? 지구는 지금까지 46억년 이상 살아왔다. 그리고 인간은 약 350만 년 정도 전에 탄생했다고 한다. 인간이 탄생하고 지금까지, 한 번도 이런 위기가 없었을까? 그렇지는 않을 것이다. 분명 지구는 이제까지도 많은 멸망의 위기를 만나 왔을 것이다. 그래도 살아남은 것이 지구이니까, 그 생명의 강함이 어느 정도인지 알 것이다. 그런 관점에서 보면, 지금의 환경오염에 대한 인간의 태도는 어딘가 호들갑을 떠는 구석이 있다. 물론 환경오염은 되도록 주의하고 될 수 있는 한 지구와 인간이 공존하는 방법을 찾는 것은 중요하다. 그렇다고 해서 이렇게도 인간을 협박하는 것은 오히려 역효과가 될 뿐일 것이다.

DAY 17

1. ③
2. ④
3. ③

해석 도서관의 이용자 수가 나날이 줄고 있는 것에서부터, 많은 공립도서관이 위기에 처해 있다. 실제로 폐관한 도서관도 몇 군데인가 있는 모양이다. 이러한 현상이 계속되는 중에, 이용자 수를 늘리고 안정적인 운영을 할 수 있도록 도서관에서도 여러 가지 연구가 진행되고 있다. 예를 들어, 어느 도서관에서는, 도서관의 멀티미디어실을 개축하여 영화 감상을 할 수 있게 했다. 정기적으로 영화를 상영하는 것으로 이용자를 모아, 그 김에 재미있어 보이는 책을 읽거나, 빌리거나 하는 것을 목적으로 하고 있다고 한다. 또, 어느 도서관에서는, 이용자의 요청을 받아서 엔터테인먼트성이 높은 소설이나 만화를 구비하고 있다고 한다. 즉, 최근의 도서관은 단지 독서하기 위한 곳이 아니라 종합 엔터테인먼트 시설이 되었다고 할 수 있는 것이다.

DAY 18

1. ③
2. ②
3. ④

해석 이러한 도서관의 자세 변화에 대해서는 역시 여러 가지 의견이 나오고 있다. 그중에도 "들어가기 쉽고 즐거운 곳이 되었기에 기쁘다"는 의견이 가장 많지만, 가끔은 "도서관으로서의 기능을 하고 있지 않다"고 비판의 목소리를 높이는 사람들도 있다. 그러나 나는 그들이야말로 선입견을 버릴 필요가 있는 것은 아닐까 하고 생각한다.

확실히 지금까지의 도서관의 역할이나 존재의 목적은 '학문의 입구'였고, 공부나 학습을 위해 존재해 왔다. 그러니까 도서관에도 단지 '즐기는 것'만을 추구하는 책이 아니라, 뭔가의 주제에 대해 제대로 쓰인 진지한 책이 구비되어 있었고 이제까지는 그것으로도 충분히 존재 의의가 만족되어 온 것이다.

그러나, 이제 시대는 변했다. 사람은 이미 책을 '학문적'인 목적만으로 읽지 않는다. 심지어, 그런 책의 의미에도 연연해하지 않는다. 자기가 즐길 정도로 재미있으면 그것으로 책의 역할을 다했다고 여기고, 소중히 하는 것이다. 심각하고 과장된 의미 찾기 따위, 이제 아무도 하고 있지 않다. 스스로가 만족하면 그것으로 충분한 것이 지금의 사람들인 것이다.

DAY 19

1 ②
2 ④
3 ①

해석 그러한 시대의 변화에 도서관이 따라가지 못해서는 결과는 하나뿐으로, 폐관해서 역사 속의 것이 되는 것밖에 없다. 사람이 없이는 도서관도 성립하지 않기 때문이다. 시대가 변화해 가는 것과 함께, 도서관도 그 모습을 변화할 수밖에 없다. 좀 더 유연하게, 변화에 몸을 맡기고, 또 사람으로 가득찬 활기찬 도서관이 되는 것을 기다리는 편이 좀 더 의미가 있을 것임에 틀림없다고 나는 생각한다.

DAY 20

1 ①
2 ②
3 ④

해석 도서관의 이용자 수가 나날이 줄고 있는 것에서부터, 많은 공립도서관이 위기에 처해 있다. 실제로 폐관한 도서관도 몇 군데인가 있는 모양이다. 이러한 현상이 계속되는 중에, 이용자 수를 늘리고 안정적인 운영을 할 수 있도록 도서관에서도 여러 가지 연구가 진행되고 있다. 예를 들어, 어느 도서관에서는, 도서관의 멀티미디어실을 개축하여 영화 감상을 할 수 있게 했다. 정기적으로 영화를 상영하는 것으로 이용자를 모아, 그 김에 재미있어 보이는 책을 읽거나, 빌리거나 하는 것을 목적으로 하고 있다고 한다. 또, 어느 도서관에서는, 이용자의 요청을 받아서 엔터테인먼트성이 높은 소설이나 만화를 구비하고 있다고 한다. 즉, 최근의 도서관은 단지 독서하기 위한 곳이 아니라 종합 엔터테인먼트 시설이 되었다고 할 수 있는 것이다.

이러한 도서관의 자세 변화에 대해서는 역시 여러 가지 의견이 나오고 있다. 그중에도 "들어가기 쉽고 즐거운 곳이 되었기에 기쁘다"는 의견이 가장 많지만, 가끔은 "도서관으로서의 기능을 하고 있지 않다"고 비판의 목소리를 높이는 사람들도 있다. 그러나 나는 그들이야말로 선입견을 버릴 필요가 있는 것은 아닐까 하고 생각한다.

확실히 지금까지의 도서관의 역할이나 존재의 목적은 '학문의 입구'였고, 공부나 학습을 위해 존재해 왔다. 그러니까 도서관에도 단지 '즐기는 것'만을 추구하는 책이 아니라, 뭔가의 주제에 대해 제대로 쓰인 진지한 책이 구비되어 있었고 이제까지는 그것으로도 충분히 존재 의의가 만족되어 온 것이다.

그러나, 이제 시대는 변했다. 사람은 이미 책을 '학문적'인 목적만으로 읽지 않는다. 심지어, 그런 책의 의미에도 연연해하지 않는다. 자기가 즐길 정도로 재미있으면 그것으로 책의 역할을 다했다고 여기고, 소중히 하는 것이다. 심각하고 과장된 의미 찾기 따위, 이제 아무도 하고 있지 않다. 스스로가 만족하면 그것으로 충분한 것이 지금의 사람들인 것이다.

그러한 시대의 변화에 도서관이 따라가지 못해서는 결과는 하나뿐으로, 폐관해서 역사 속의 것이 되는 것밖에 없다. 사람이 없이는 도서관도 성립하지 않기 때문이다. 시대가 변화해 가는 것과 함께, 도서관도 그 모습을 변화할 수밖에 없다. 좀 더 유연하게, 변화에 몸을 맡기고, 또 사람으로 가득찬 활기찬 도서관이 되는 것을 기다리는 편이 좀 더 의미가 있을 것임에 틀림없다고 나는 생각한다.

DAY 21

1 ③

2 ①

해석

교토 요리 레스토랑

기온

● 런치 11:00~15:00

    A코스 5,000엔　　　B코스 5,500엔　　　C코스 6,500엔

● 디너 17:00~21:00

    A코스 10,000엔　　B코스 11,000엔　　C코스 12,500엔

※시니어 고객님(65세 이상)은 각 코스 가격에서 10% 할인해 드립니다.
※어린이 고객님(0세~5세)은 각 코스 가격에서 20% 할인해 드립니다.
※개별실에서 식사하시는 경우에는 코스 요금과 별도로 1,000엔의 테이블 요금이 있습니다.

DAY 22

1 ④

2 ③

해석

키시다 코인 파킹

요금안내

【주차요금】

기본요금	주간 20분 200엔 (8:00~24:00)	
	야간 60분 200엔 (24:00~8:00)	
	주말 기본요금+10%	
선불 카드	3,000엔 권(3,500엔 상당)	
	5,000엔 권(5,500엔 상당)	
	10,000엔 권(11,000엔 상당)	

【오토바이 주차요금】

기본요금	주간 20분 100엔 (8:00~24:00)
	야간 60분 100엔 (24:00~8:00)

DAY 23

1 ④
2 ③

해석

키타구립 도서관
도서 회수 서비스 안내

키타구립 도서관에서 대출하신 도서의 회수 서비스를 행합니다

서비스 신청에서 회수까지
① 도서관 홈페이지나 전화로 서비스 예약
　⇒ 회수일, 회수 장소, 회수 시간대 선택
② 서비스 준비 완료 후, 전자 메일로 안내
③ 회수 담당자에게 반납할 책을 건네고, 본인 확인란에 사인

이용하실 때
★ 회수 서비스의 신청은 도서 반납일 3일 전까지 접수 받습니다.
★ 회수일 변경은 예약된 날의 전날 오전 10시까지 접수 받습니다.
★ 연락 없이 부재하실 경우에는 회수할 수 없습니다. 3회 이상 연락 없이 부재하실 경우, 서비스 이용이 불가하므로 주의해 주세요.

DAY 24

1 ②
2 ③

해석

프리랜서 모집

	회사명: 하마다 건축사무소
	업무 내용: 주택/맨션의 도면 작성
	근무 시간: 09:00~18:00
	근무지: 자택 또는 사무소 출근 중에서 선택할 수 있습니다.
	급료　월 25만~
CAD도면 작성	주의사항: 포트폴리오 제출 ＊이력서와 함께 제출해 주세요. 면접 있음
	이력서 제출 기한: 2020년 9월 1일~2020년 9월 8일까지 ＊제출기한을 넘긴 이력서는 받지 않습니다.
	제출처: hamada_architect@hamada.com 하마다 건축사무소 인사부 ＊이력서 우송은 받지 않습니다.

DAY 25

1 ③

2 ②

해석

어린이 에코 미술대회

우리들의 지구를 지킵시다!

지구 환경을 지키는 것을 테마로, 여러분의 창의력 넘치는 작품을 모으고 있습니다.

◆대상

도쿄 도내 거주 초등학생(초1~초6)이라면 누구라도 응모할 수 있습니다.

◆대회 내용

지구 환경과 관련한 미술작품을 제출해 주세요. (재료, 소재 불문)

◆신청 방법

・신청하는 곳 : 도쿄도청 어린이 지원과 어린이 에코 미술대회 담당과

・신청기한 : 20XX년 5월 3일~20XX년 5월 31일

・신청 방법 : 어린이 지원과 홈페이지에서 신청용지를 다운로드 한 후, ①연령 ②학년 ③성함을 기입해 주세요. 그 후, 작품 뒷면에 성함을 검은색 펜으로 쓰고 신청용지와 함께 우편으로 보내 주세요.

◆수상 상품

대　　　상　…　1만엔 상당의 문구류나 가방과 도청 홈페이지 작품 게시

우　수　상　…　5천엔 상당의 문구류와 도청 홈페이지 작품 게시

참　가　상　…　3천엔 상당의 문구류

DAY 26

1 2

해석　정신과 의사로서 환자들에게 강조하고 있는 것은 '일기를 쓰는 것'입니다. 그리고 일기를 쓸 때는, 될 수 있는 한 자신이 무엇에 대해 어떻게 느꼈는가를 자세히 쓰도록 하게 하고 있습니다. 그렇게 하는 것으로, 나 자신도 환자의 상태를 파악할 수 있는 것은 물론, 환자도, 자신의 감정이나 상황을 객관적으로 받아들일 수가 있기에, 냉정한 태도로 치료를 대하는 것이 가능하기 때문입니다. 이렇게, 일기라는 것은 단지 자신의 추억을 기록하는 것뿐만 아니라, 자신을 객관적으로 보도록 할 수도 있는 것입니다.

DAY 27

1. 3
2. 1
3. 2

해석 요즘 자주 듣게 된 말이 있다. 그것은 '개성'이라는 것으로, 사회 여기저기에서 '개성을 갈고 닦자'던가 '자신의 개성을 표출합시다'라는 목소리가 높아지고 있다.

그러나 잘 생각해 보면, 이 일본 사회에서 이것만큼 어려운 것은 없다. 우리들은 초등학교, 아니 유치원에 들어간 순간부터 획일적인 자세를 취하도록 강요받는다. 옷에서 가방까지 우리들은 같은 것을 준비해야 하고, 필통조차 될 수 있는 한 모두와 닮은 것을 소지하도록 듣는다. 그뿐만 아니라 학교에서 가르치는 과목이나 시험에서도 언제나 하나의 정답을 강요받고, 조금이라도 다른 사람과 다른 행동을 취하면 모두로부터 멀어지는 경우도 적지 않다.

이러한 사회의 분위기 속에서 개성을 익히거나 갈고 닦는 것이 가능할 리가 없다. 정말로 개성이 넘치는 개인을 만들고 싶다면, 먼저 개성적인 개인을 인정하는 사회 분위기를 만들어야만 한다. 자기가 좋아하는 것을 선택하고, 자기가 하고 싶은 것을 해도 흰 눈으로 바라보지 않는 사회 분위기를 만드는 것에서부터, 진정한 의미의 '개성'이 태어나는 것이다.

DAY 28

1. 2
2. 3

해석 상담자

최근 방에 틀어박히는 젊은이들이 늘고 있는데, 여러분은 무엇이 문제라고 생각하시나요? 저는 저출산에 의해 어린이의 사회가 좁아진 것이 원인이라고 생각합니다. 옛날에는 대가족 안에서 여러 관계의 사람과 접할 수 있었기에 다양한 사람에게 접하는 방법을 자연스럽게 익힐 수 있었죠. 하지만 지금은 핵가족화가 진행되고 있어, 자신의 응석을 받아주는 부모와의 관계밖에 경험하지 못한 어린이들이 늘고 있기에, 여러 인간관계에 견디는 힘이 없어진 거라고 생각해요. 이런 사회에서는, 은둔형 외톨이 늘어나도 어쩔 수 없을지도 모르겠네요.

회답자 A

방에 틀어박히는 젊은이가 늘어나는 것은 개성을 인정해 주지 않는 사회 분위기에 원인이 있다고 생각해요. 자기를 인정해 주는 사람은 없고, 자기가 좋아하는 것이나 잘하는 것 따위 발견할 틈도 없이 공부, 공부…. 그래서야, 젊은이가 아니더라도, 사회와의 관계를 끊고 혼자가 되고 싶겠죠. 좀 더 사회의 분위기가 유연해지고, 서로를 존중해야만 한다고 생각해요.

회답자 B

나는 그야말로 베이비붐 세대로, 조부와 조모, 숙모나 사촌 등 다양한 관계의 친척과 함께 생활한 사람인데요, 그 덕에 사회의 규칙이나 여러 사람과의 접하는 방법을 익힐 수가 있었습니다. 하지만, 지금은 모두 핵가족으로, 형제도 없는 외동인 아이가 많죠. 많아도 형제 두 명 정도이고요. 그래서야, 다양한 관계를 경험할 수 없으니까, 접하는 방법을 모르는 것도 당연하죠. 좀 더 아이가 많은 관계를 가질 수 있도록 부모님이 노력해야 하는 건 아닐까요?

DAY 29

1 3

2 2

3 1

해석 '겉모습보다 내면이 중요하다'는 말이 최근 유행하고 있다고 한다. 외견만으로 사람을 판단해서는 안 된다는 의미인데, 나는 거기에 완전히 동의할 수 없다. 내면만큼, 겉모습도 중요하기 때문이다.

물론, 겉모습이 형편없다는 것만으로 사람을 판단하거나, 평가하는 것은 좋지 않다. 겉모습에 숨겨져 있는 우수한 능력이나 장점이 있을지도 모르고, 사람의 능력이나 성격의 다정함 등은 겉모습에는 나오지 않기 때문이다. 내면을 갈고 닦는 것이나, 상대의 내면을 꿰뚫어 보는 것도 빠뜨릴 수 없는 것이다.

그러나, 그렇다고 해서 겉모습을 전혀 신경 쓰지 않게 되는 것도 나로서는 '아까워!'라고밖에 말할 수 없는 것이기도 하다. 그것은, 어쩌면 신뢰성이 결여되어 있는 것처럼 보이기 때문이다.

인간은 사회적인 동물이어서, 그 장소나 때의 분위기에 맞춰 살아갈 필요가 있다. 예를 들어 장례식에는 슬퍼하는 유족들을 위로하기 위해 될 수 있는 한 차분한 색의 복장으로 있을 필요가 있고, 취직 활동을 하기 위해서는, 칠칠치 못한 부분 없이, 신뢰할 수 있는 사람이라는 것을 전달하는 것에 효과적인 모습을 해야만 한다. 또, 결혼식 등 상대의 행복한 시간을 함께할 때는 있는 힘껏 그 축하하는 마음을 표현하기 위해, 깨끗하고 밝은 옷을 입을 필요가 있다. 이러한 때에, 그에 맞춘 외견을 준비하지 않으면, 내면으로 얼마나 응원하고 있다고 해도, 내면이 얼마나 좋은 사람이라고 해도, 그 사람의 본심은 통하지 않는다.

즉, 그 장소에 맞춘 제대로 된 모습은 해야만 하는 것으로, 그것이 주위 사람과의 관계도 좋게 한다는 것이다. 필요 이상으로 화장을 하거나, 브랜드 상품을 사 모을 필요는 없지만, 그 장소에 맞춘 옷이나 용모를 장식하는 것은 나쁜 것이 아니다. 겉모습이 때와 장소에 맞지 않는데, 그 사람의 내면까지 봐 줄 여유가 있는 사람은 별로 없다. 자신을 위해서도, 상대를 위해서도, 최소한의 '겉모습'에는 신경 쓰는 편이 좋다고 생각한다.

DAY 30  4
 3

해석

건강진단 안내

하기와 같이 사내 건강진단을 행합니다.

월일	시간	성별	대상
4월 2일(월)	09:00~11:00	여	인사부
	13:10~15:10		총무부
4월 3일(화)	10:00~12:00	남	경리부
	13:30~15:30		법무부
4월 4일(수)	10:20~12:20	남	기술관리부
	13:30~15:30		영업부
4월 5일(목)	08:30~10:30	여	마케팅부
	13:00~15:00		CS부
4월 6일(금)	08:00~10:00	남	인사부/총무부
	10:15~12:15		마케팅부/CS부
	13:30~15:30	여	경리부/법무부
	15:45~17:45		기술관리부/영업부

※신입사원 건강진단일은 4월 1일 입사식 시에 안내하겠습니다.

【건상신난 상소】 하나모토 병원(당사 지정 긴강진단 센디)

【진단 시에 지참할 것】 사원증, 보건증, 검뇨 검사 키트(사전배부)

【주의사항】

• 건강진단 전날 저녁부터 금식해 주세요.

• 지정된 일시에 검사받아 주세요. 어쩔 수 없는 사정으로 인해 다른 날에 검진하실 경우에는, 사전에 인사부 담당자에게 신청해 주세요.

• 검뇨 검사 키트는 4월 1일에 배부합니다. 당일은 병원 화장실이 혼잡할 것으로 예상되므로, 입장 전에 검뇨를 끝내 주세요.

정답 🔑 청해편

DAY 01

1 ②

2 F：どうしたの？顔色、すごく悪いよ。
M：そう？昨日、熱がひどくて、全然眠れなかったせいかな。
F：大丈夫？風邪じゃない？最近流行ってるみたいだよ。病院には行ってみた？
M：それが、今日ちょっと忙しくてね…。まだ行ってないんだ。
F：だめじゃない、ちゃんと病院に行かなくちゃ。薬は飲んだの？
M：あ、でも今はだいぶ良くなったよ。熱もまだあるけど、微熱ぐらいだし。
F：だめだよ。また熱が上がるかもしれないし。その時薬なかったらどうする？
M：わかったよ。じゃ、帰りに薬局にでも行くから。
F：それより、ちゃんと診てもらった方が絶対いいよ。
M：はい、はい。わかりました。

해석 F：무슨 일 있어? 안색이 너무 나빠.
M：그래? 어제, 열이 심해서 전혀 못 잔 탓인가.
F：괜찮아? 감기 아니야? 요즘 유행한다는 것 같네. 병원에는 가 봤어?
M：그게, 오늘 좀 바빠서…. 아직 못 갔어.
F：안 돼. 제대로 병원에 가야지. 약은 먹었어?
M：아, 하지만 지금은 꽤 좋아졌어. 열도 아직 있지만, 미열 정도이고.
F：안 돼. 또 열이 오를지도 모르잖아. 그때 약이 없으면 어떡하려고?
M：알겠어. 그럼, 집에 가는 길에 약국이라도 갈 테니까.
F：그것보다, 제대로 진찰받는 편이 분명 나아.
M：네, 네. 알겠습니다.

DAY 02

1 ③

2 M：旅行の計画を立てようと思っているんだけど、どこかおすすめの場所はある？
F：そうね、どんな旅行がしたいの？
M：自然を満喫できる場所がいいんだ。でも、長距離の移動は避けたいかな。
F：じゃあ、国内なら北海道がいいかもしれないね。美しい自然が広がっているし、夏でも涼しいところが多いよ。
M：いいね。でも、何か見て回るところが多いといいんだけど…。
F：そう？それなら、京都や奈良の古都巡りはどうかな。自然も楽しめるし、観光もできるよ。
M：そうだね、それもいいね。でも、どっちにしても交通手段を探すのは大変そうだ。

152

F : それなら、旅行会社に相談するのはどう？日程や予算に合わせてプランを提案してくれるし、交通手段も手配してくれるから楽なんじゃないかな。
M : そうだね。じゃ、旅行会社に相談してみようかな。ありがとう。

해석　M : 여행 계획을 세우려고 생각하고 있는데, 어디 추천하는 장소 있어?
　　　F : 글쎄. 어떤 여행을 하고 싶은데?
　　　M : 자연을 만끽할 수 있는 장소가 좋겠어. 하지만, 장거리 이동은 피하고 싶어.
　　　F : 그럼, 국내라면 홋카이도가 좋을지도 모르겠다. 아름다운 자연이 펼쳐져 있고, 여름이라도 시원한 곳이 많아.
　　　M : 좋네. 하지만, 뭔가를 구경하면서 돌아다닐 것이 많으면 좋겠는데….
　　　F : 그래? 그렇다면 교토나 나라의 옛 수도를 돌아보는 건 어때? 자연도 즐길 수 있고, 관광도 할 수 있어.
　　　M : 그렇네. 그것도 좋겠다. 하지만, 어느 쪽이든 교통수단을 찾는 건 힘들 것 같아.
　　　F : 그렇다면 여행사에 상담하는 건 어때? 일정이나 예산에 맞춰서 계획을 제안해 주고, 교통수단도 찾아 주니까 편하지 않을까?
　　　M : 그렇겠네. 그럼, 여행사에 상담해 볼까? 고마워.

DAY 03

1　②

2　M : 明日、村田先生との食事会のことだけど、何食べようかな。
　　　F : そうね。先生は和食が好きだから、和食はどう？
　　　M : そうだね。じゃ、すき焼きでも食べに行くのはどう？
　　　F : すき焼きって、脂っこいじゃない。できるだけ胃に負担がない方がいいんじゃないかな。
　　　M : そうかな…。じゃ、お寿司は？
　　　F : 私は麺類もいいと思うけどね。先生、うどん大好きって言ってたし。
　　　M : でも、うどん屋って狭いし、そんなに上品な感じでもないから、ちょっと心配だけど。
　　　F : それなら、このパンフレット見て。いろんなうどん屋があるけど、結構高級な感じの店もあるよ。
　　　M : あ、ありがとう。見てみるね。

해석　M : 내일 무라타 선생님이랑 하는 식사 모임 말인데, 뭐 먹을까?
　　　F : 그러게. 선생님은 일식을 좋아하시니까, 일식은 어때?
　　　M : 그러네. 그럼, 스키야키라도 먹으러 가는 건 어때?
　　　F : 스키야키라니, 기름지잖아. 될 수 있는 한 위에 부담이 없는 편이 좋지 않을까?
　　　M : 그런가…. 그럼, 초밥은?
　　　F : 난 면류도 괜찮다고 생각하는데. 선생님, 우동 정말 좋아한다고 하셨고.
　　　M : 하지만, 우동집은 솝고, 그렇게 고급스러운 느낌도 아니니까, 조금 긱정되는데.
　　　F : 그거라면, 이 팸플릿을 봐봐. 다양한 우동집이 있는데, 꽤 고급스러운 가게도 있어.
　　　M : 아, 고마워. 봐 볼게.

DAY 04

　**1**　④

2 F：小山くん、今いい？

M：あ、課長、はい、大丈夫です。

F：林田さんから電話があってね。昨日の夜から熱がひどくて、今病院だって。それで、今日会社を休むそうなの。で、悪いんだけど、槇原電気に送る資料をまとめてもらえない？今日の午後までには送らなければならないから、昼までにはお願いしたいんだけど。

M：そうですか。するのは全然問題ないですが、午前中にその仕事が入りますと、今やっている会議資料の作成が、今日中に終わらないと思います。

F：あ、それもあったわね…。じゃ、それは加藤くんに頼んでみるわ。

M：わかりました。作業の詳細はどこで確認できますか？

F：会社のドライブに途中まで作業したのが入っていて、それを見ればわかるんだって。でも、どうしてもわからない時は、メッセージ送ってって言ってたわ。

M：はい、わかりました。

F：いつも頼んでばかりでごめんね。とても心強いわ。

해석 F：코야마 군, 지금 괜찮아?

M：아, 과장님. 네, 괜찮습니다.

F：하야시다 씨한테서 전화가 왔어. 어젯밤부터 열이 심해서, 지금 병원이래. 그래서 오늘 회사를 쉰다고 해. 그래서, 미안하지만 마키하라 전기에 보낼 자료를 정리해 줄 수 있어? 오늘 오후까지 보내야 하니까, 점심까지는 부탁하고 싶은데.

M：그렇습니까. 하는 것은 전혀 문제없는데요, 다만 오전 중에 그 일이 들어오면 지금 하고 있던 회의 자료 작성이 오늘 안에 끝나지 않을 것 같습니다.

F：아, 그것도 있었지…. 그럼, 그건 카토 군에게 부탁해 볼게.

M：알겠습니다. 작업 상세 사항은 어디서 확인할 수 있나요？

F：회사 드라이브에 도중까지 작업한 게 들어 있어서, 그걸 보면 알 거야. 하지만, 아무래도 모르겠으면 메시지 달라고 했어.

M：네, 알겠습니다.

F：항상 부탁하기만 해서 미안해. 정말 든든해.

DAY 05

1 ③

2 M：いらっしゃいませ。「ジャンプモバイル」です。

F：あ、はい。「マイフォン13」を購入したいんですが。

M：そうですか。ありがとうございます。すでに弊社のプランでご契約いただいていますか？

F：あ、いいえ。もともとは別の会社の携帯電話を使っていましたが、新規契約をしたくて…。

M：かしこまりました。それでは、まずこちらのご契約書にご記入をお願いいたします。その後、購入の手続きへ進みたいと思います。マイフォンをお使いになったことはございますか？

F：いいえ、初めてです。それと、以前、使っていた携帯電話を返却したら、エコポイントがもらえると聞きましたが…。
M：はい、そうです。本日お持ちになりましたか？
F：はい、これです。
M：かしこまりました。そちらは、携帯電話の購入手続きまで終わってから進めさせていただきます。では、まずこちらにお名前とご住所をお願いいたします。
F：あ、はい。わかりました。

해석

M：어서 오세요, '점프 모바일'입니다.
F：아, 네. '마이폰 13'을 구입하고 싶어서요.
M：그러시군요. 감사합니다. 이미 저희 회사 플랜으로 계약하셨나요?
F：아, 아니요. 원래는 다른 회사의 핸드폰을 사용하고 있었는데요, 새로 계약하려고요.
M：알겠습니다. 그럼 먼저 여기 계약서 기입을 부탁드립니다. 그 후 구입 절차로 나아가고자 합니다. 마이폰을 사용하신 적이 있으신가요?
F：아니요, 처음이에요. 그리고, 전에 사용하던 휴대전화를 반납하면 에코 포인트를 받을 수 있다고 들었는데요….
M：네, 맞습니다. 오늘 가지고 오셨나요?
F：네, 여기 있어요.
M：알겠습니다. 그건 휴대전화 구입 절차까지 끝나고 나서 진행하겠습니다. 그럼 먼저 여기에 성함이랑 주소를 기입해 주세요.
F：아, 네. 알겠습니다.

3 ①

4 M：あ、柏木(かしわぎ)さん、今回の研究結果について、ちょっと調べてほしいことがあって。実は、資料のデータの数値が一部間違っているところがあってね。
F：え！そうなんですか。
M：うん。それで、どうして間違ったのかその原因を調べることになったんだ。
F：そうですか。どこを当たりましょうか。実験室の環境が変わったのが原因かもしれませんね。実験室から調べましょうか？
M：鋭いね。確かに実験室の環境が変わったのが原因かもしれないしね。でも、実験チームの管理手帳によると、温度や湿度などは変わっていないんだよね。
F：では、実験のやり方を間違えたとか？
M：うん、それは、僕がこれから調べることになっているんだ。それより、データを取る外部の機械があるだろう。そもそも、そこに問題があるんじゃないかと思うんだよね。で、機械が置かれたところの環境の変化とか、機械の取り付けとかを確認してもらいたいんだ。
F：あ、その可能性もありますね。わかりました。すぐ取りかかります。
M：ありがとう。頼むね。

해석　M：아, 카시와기 씨, 이번 연구 결과에 대해 조금 조사해 줬으면 하는 게 있어서. 사실은, 자료 데이터 수치가 일부 틀렸다는 걸 알아서 말이야.
　　　F：헉! 그런가요?
　　　M：응. 그래서 왜 틀린 건지 그 원인을 조사하게 되었어.
　　　F：그렇군요. 어디를 조사해 볼까요? 실험실의 환경이 바뀐 것이 원인일지도 모르겠네요. 실험실부터 조사해 볼까요?
　　　M：예리하네. 확실히 실험실 환경이 바뀐 것이 원인일지도 모르고 말이야. 하지만, 실험 팀의 관리 수첩에 의하면, 온도나 습도 등은 바뀌지 않았어.
　　　F：그럼, 실험 방식이 틀렸던 걸까요?
　　　M：응, 그건 내가 지금부터 조사하기로 되어 있어. 그것보다 데이터를 모으는 외부 기계가 있잖아? 애초에 거기에 문제가 있는 건 아닐까 하고 생각되거든. 그래서, 기계가 있는 곳의 환경 변화라던가, 설치 같은 것을 확인해 주었으면 해.
　　　F：아, 그럴 가능성도 있겠네요. 알겠습니다. 바로 착수할게요.
　　　M：고마워. 부탁할게.

DAY 06

1　④

2　M：どうした？さっきからため息ばっかり。同僚と何かあったか？
　　　F：ううん。同僚との仲はとってもいいよ。
　　　M：じゃ、どうしたんだよ。部長に怒られたとか？
　　　F：いや、うちの部長は、怒ったりしない人だからね。それより、明日の仕事が心配でね。
　　　M：仕事が多すぎるとか？
　　　F：いや、仕事自体は楽だよ。ただ、それを社長の前で発表しなければならなくて、とても緊張しているの。考えるだけでもう胃が痛いよ。
　　　M：それは大変だな。
　　　F：それで、明日会社行きたくないな〜と思って。ね、明日会社休んじゃおうかな。
　　　M：だめに決まってるだろう。大人なんだから、ちゃんと自分の仕事終わらせなさい。
　　　F：はぁ…。はーい。

해석　M：왜 그래? 아까부터 한숨만 쉬고 있네. 동료랑 무슨 일 있었어?
　　　F：아니, 그런 거 아니야. 동료와의 사이는 매우 좋아.
　　　M：그럼 왜 그래? 부장님한테 혼이라도 났어?
　　　F：아니, 우리 부장님, 화 안 내는 사람이니까. 그것보다, 내일 일이 걱정되서.
　　　M：일이 너무 많아?
　　　F：아니, 일 자체는 편해. 다만 그걸 사장님 앞에서 발표해야 해서 너무 긴장돼. 생각하기만 해도 벌써 위가 아파.
　　　M：그건 힘들겠다.
　　　F：그래서, 내일 회사 가고 싶지 않다~라고 생각했어. 있잖아, 내일 회사 쉬어 버릴까?
　　　M：당연히 안 되지. 어른이니까, 제대로 자기 일을 끝내세요.
　　　F：하아…. 네-에.

DAY 07

1 ②

2
M：宮本さん、どこ行くの？
F：あ、高橋くん。こんにちは。あそこの古本屋に行くところだよ。
M：古本屋か、いいね。でも、本がほしいなら、すぐ近くの大型書店に行った方がいいんじゃない？もっといろんな本が揃っているし。
F：ええ、そうだけど、私は普通の本屋より古本屋の方が好きなんだよね。
M：そう？確かに古本屋もいいよね。古本だからメモしても負担ないし、本も安く買えるし。
F：それもそうだけど、それより、古本屋にはいろんな人が読んだ本が売られているから、普通の本屋では売っていない本とか、今はもう出版されていない本を見つけることもできるでしょう。私、それがすごく楽しみなの。
M：あ、そうか！確かにそれは、古本屋のいいところだね。
F：でしょ？だから、できるだけ古本屋に行こうとしているの。

해석
M：미야모토 씨, 어디 가?
F：아, 타카하시 군. 안녕. 저기 있는 헌책방에 가는 중이었어.
M：헌책방이라, 좋네. 하지만, 책을 갖고 싶다면 바로 근처의 대형서점에 가는 편이 좋지 않아? 좀 더 다양한 책이 갖춰져 있기도 하고.
F：응, 그렇긴 하지만, 나는 일반 서점보다 헌책방 쪽을 좋아해.
M：그래? 확실히 헌책방도 좋지. 헌 책이니까 메모해도 부담 없고. 책도 싸게 살 수 있고.
F：그것도 그렇지만, 그것보다 헌책방에는 많은 사람이 읽었던 책을 팔고 있으니까, 일반 서점에서는 팔지 않는 책이나, 이제는 더 이상 출판되지 않는 책도 발견할 수 있잖아. 나, 그게 정말 즐거워.
M：아 그렇구나! 확실히 그건 헌책방의 장점이네.
F：그렇지? 그러니까 될 수 있는 한 헌책방에 가려고 하고 있어.

DAY 08

1 ①

2
F：最近、海で暮らしている生き物の命が危険なんだって。
M：そうか。確かに、今でも工場の廃水や廃油などを、こっそり海に流してしまうことがあると言うしね。
F：それも問題だけど、それより、最近は「海洋ゴミ」の方が問題らしいよ。
M：「海洋ゴミ」？
F：そう。分別されずに捨てられちゃったゴミとか、海辺に捨てられたゴミとかが海へ流れていて、多くの生き物が死に至ってるんだよ。ほら、見て。ビニール袋を餌だと思って食べて死んじゃったウミガメだよ。かわいそうでしょう。
M：うわ、かわいそう…。ひどいね、これは。
F：でしょ？だから、ゴミ問題にもっと関心を持つべきだと思うの。
M：そうなんだよね。僕も、これからもっと、関心を持たなきゃ。

해석
F : 요즘 바다에서 살고 있는 생물의 생명이 위험하대.
M : 그래? 확실히 지금도 공장 폐수나 폐유 등을 몰래 바다에 버리는 경우가 있다고 하니까.
F : 그것도 문제이지만, 그것보다 요즘에는 '해양 쓰레기' 쪽이 문제라는 것 같아.
M : '해양 쓰레기'?
F : 그래. 분리수거를 하지 않고 버려진 쓰레기나 해변에 버려진 쓰레기들이 바다로 흘러 들어가서, 많은 생물이 죽어가고 있대. 봐봐. 비닐봉지를 먹이라고 생각해서 먹어서 죽어 버린 바다거북이야. 불쌍하지?
M : 우와, 불쌍해…. 심하네, 이건.
F : 그렇지? 그러니까, 쓰레기 문제에 좀 더 관심을 가져야만 한다고 생각해.
M : 그렇네. 나도 앞으로 좀 더 관심을 가져야겠다.

DAY 09

1 ④

2
F：今日は、今出川大学の桃山教授に、最近の大学が抱える問題についてお話を伺います。
M：私は、大学で30年近く研究と、学生の教育に取り組んでいます。研究者の育成に特に力を入れていますが、それに関して、「もっと学生の未来に興味を持ってほしい」と、しばしば批判を受けることがあります。
F：それはどういったことでしょうか。
M：要するに、研究者の育成ばかりでなく、学生の就職率を上げることにも協力してほしい、ということですね。最近は不景気のため、大学でも就職率を気にしていますから。就職率を見て大学を選ぶ学生も増えていますし。もちろん、それも大事ですが、本来、大学というのは、高等な教育を受けた、学問の専門家を育成することが存在意義だと考えるのです。
F：つまり、大学というのは、就職だけでなく、研究をするためのところでもあると。
M：ええ。大学というのは、もともと研究を発展させることで社会の発展を図るために作られたものです。それなのに、研究者の育成ではなく、ただ就職率を上げることだけを重要視していることは、大変残念に思うのです。

해석
F : 오늘은 이마데가와 대학의 모모야마 교수님께 최근 대학이 당면한 문제에 대해 이야기를 들어보겠습니다.
M : 저는 대학에서 30년 가까이 연구와 학생 교육에 매진하고 있습니다. 연구자 육성에 특히 힘을 들이고 있는데요, 그에 관해 '좀 더 학생의 미래에 흥미를 가져 주었으면 한다'고, 종종 비판을 받기도 합니다.
F : 그건 무슨 뜻인가요?
M : 요컨대, 연구자 육성뿐만 아니라, 학생의 취업률을 올리는 것에도 협력하라는 것이죠. 최근에는 불경기로 인해 대학에서도 취업률을 신경 쓰고 있으니까요. 취업률을 보고 대학을 고르는 학생도 늘고 있고요. 물론 그것도 중요합니다만, 본래 대학은 고등 교육을 받은 학문의 전문가를 육성하는 것이 존재 의의라고 생각합니다.

F : 즉, 대학이란 취업만이 아니라, 연구하기 위한 곳이라는 것이군요?
M : 네. 대학이란 원래 연구를 발전시키는 것으로 사회의 발전을 도모하기 위해 만들어진 것입니다. 그런데 연구자의 육성이 아니라 단지 취업률을 올리는 것만 중요시하는 것은 매우 유감스럽게 생각합니다.

DAY 10

1 ②

2
F : 吉彦、どうしたの？さっきから暗い顔して。藤田くんとケンカでもしたの？
M : しないよ、小学生でもないし。そうじゃなくて、見てよ、これ。この髪型。
F : あら、だいぶ短く切ったわね。すっきりしたんじゃない。
M : いやだよ。こんなんじゃ、学校で笑われるじゃないか。俺、明日学校行きたくない。
F : 何言ってるの。だめに決まってるでしょう。実は明日の体育が嫌なだけでしょう？
M : 違うってば。そんなこと全然関係ないよ。あーあ、本当に憂鬱なんだな…。

해석
F : 요시히코, 무슨 일이니? 아까부터 어두운 얼굴을 하고. 후지타 군이랑 싸우라도 했어?
M : 안 해. 초등학생도 아니고. 그게 아니라, 이거 봐. 이 머리 모양.
F : 어머나, 꽤 짧게 잘랐구나. 시원하고 좋잖니.
M : 싫어. 이래서야 학교에서 웃음거리가 될 거라고. 나 내일 학교 가기 싫어.
F : 무슨 소리니. 안 되는 게 당연하잖아. 사실은 내일 체육 수업이 싫은 것뿐이지?
M : 아니라니까. 그런 거 전혀 상관없어. 아- 아. 진짜 우울하네….

3 ②

4
M : 僕は、自分のクラスの全員と、必ず2カ月に1回は面談をしています。
F : 本当ですか？でもクラスの全員といったら40人ぐらいじゃないですか、大変なんじゃないですか？
M : ええ。大変ですが、そうすることで、学生一人ひとりのことをもっと知ることができるのです。
F : そうなんですね。
M : そして、何よりも、頻繁に面談することで、学生がどんな悩みを抱えているかが把握できるからいいです。友人関係や進路など、なかなか言い出せない悩みをじっくり聞いてあげて、一緒に解決策を探っていくと、学生もすっきりしますし、僕自身もその子に合わせた指導方法を立てることができるので、大変でも面談をやめるわけにはいかないのです。
F : すごいですね。私も見習おう。

해석 M : 저는 저희 반 학생 전원과 반드시 두 달에 한 번은 면담을 하고 있어요.
F : 정말요? 하지만 반 학생 전원이라고 하면 40명 정도 되잖아요. 힘들지 않으세요?
M : 네. 힘들기는 하지만, 그럼으로써 학생 한 명 한 명을 더 잘 알게 돼요.
F : 그러시군요.
M : 그리고, 무엇보다도 자주 면담하는 것으로, 학생이 어떤 고민을 하고 있는지 파악할 수 있으니까 좋아요. 친구 관계나 진로 등, 좀처럼 말을 꺼낼 수 없는 고민을 차분히 들어주고 함께 해결책을 찾아가면, 학생도 개운해지고, 저 자신도 그 아이에게 맞춘 지도 방법을 세울 수 있게 되니까, 힘들어도 면담을 그만둘 수는 없어요.
F : 굉장하네요. 저도 본받아야지.

DAY 11

1 ②

2 M : 皆さんの前にある着物が見えますか？とても華やかですね。これは、「京友禅」という、日本の伝統技法で作られた着物です。この技法は、着物の上に直接絵を書き、その上に絵の具で色を塗っていくことで有名です。その独特な色合いや派手な模様は大変美しく、まさに日本を代表する工芸として世界に知られています。京都に行けば体験することもできますので、京都に行かれる際は、ぜひ体験してみてください。

해석 M : 여러분 앞에 있는 기모노가 보이시나요? 매우 화려하죠. 이것은 '교토 유젠'이라고 하는 일본의 전통 기법으로 만들어진 기모노입니다. 이 기법은 기모노 위에 직접 그림을 그리고 그 위에 물감으로 색을 칠해가는 것으로 유명합니다. 그 독특한 색조나 화려한 모양은 매우 아름다워서, 그야말로 일본을 대표하는 공예로서 세계에 알려져 있습니다. 교토에 가면 체험도 할 수 있으니까, 교토에 가실 때는 꼭 체험해 보세요.

DAY 12

1 ①

2 M : 運動する時、一番大事なことは何でしょうか。それは、準備運動です。準備運動とは、ストレッチや体操を含めたもので、運動前に体の緊張をほぐし、体を温めるためにするものです。準備運動をせずすぐに体を動かす人がいますが、準備運動をしないと、急に始まる過激な動きに驚いた筋肉が縮んでしまったり、逆に伸びてしまったりして大ケガをする可能性があります。だから、運動の前は必ず準備運動をしっかりしましょう。

해석 M : 운동할 때 가장 중요한 것은 무엇일까요? 그것은 준비운동입니다. 준비운동이란, 스트레칭이나 체조를 포함한 것으로, 운동 전에 몸의 긴장을 풀고 몸을 데우기 위해 하는 것입니다. 준비운동을 하지 않고 바로 몸을 움직이는 사람이 있습니다만 준비운동을 하지 않으면 갑자기 시작되는 과격한 움직임에 놀란 근육이 수축하거나 반대로 늘어나거나 해서 큰 부상을 입을 가능성이 있습니다. 그러니까, 운동 전에는 반드시 준비운동을 확실히 합시다.

DAY 13

1 ①

2 M：初めてお子さんを育てる方から一番多く寄せられる相談は、「子どもに怒らないと決めたのに怒ってしまう」というものです。子どもに怒った後、激しく自分を責めてしまう方も何人かいました。ですが、親も人間ですので、子どもが無茶をすると、怒るのは当然なのです。ですから、怒ることを怖がるのではなく、<u>怒り方を変えたらいいのです</u>。怒ったとしても、怒鳴ったり大声で叫ぶのではなく、<u>落ち着いた声で子どもに何が問題なのかを説明するのです</u>。そうすると、子どもも自分のしたことの悪さを冷静に受け入れることができて、親も怒鳴らずに済むので両方楽になるのです。

해석 M：처음 육아를 하는 분들에게 가장 많이 듣는 상담은 '아이에게 화내지 않겠다고 했는데 화를 내버린다'는 것입니다. 아이에게 화를 낸 후, 심하게 스스로를 탓하는 부모님도 몇 분이나 있었습니다. 하지만, 부모님도 인간이기에, 아이가 말도 안 되는 행동을 하면 화가 나는 것은 당연합니다. 그러므로 화를 내는 것을 두려워하지 말고, 화내는 방식을 바꾸면 되는 겁니다. 화를 낸다고 해서 고함을 치거나 큰 소리로 소리치는 것이 아니라, 차분한 목소리로 아이에게 무엇이 문제인지를 설명하는 거예요. 그렇게 하면 아이도 자기가 한 일의 나쁜 점을 냉정하게 받아들일 수 있고, 부모도 화를 내지 않고 끝나니까 둘 다 편해지겠죠.

DAY 14

1 ③

2 F：電気自動車は、<u>燃費が良く、環境への負担が少ないことから、環境問題の解決策として注目を浴びています</u>。業界における関心も高く、高い開発費にもかかわらず、多くの自動車会社が競って電気自動車を発売しています。ただ、電気自動車は走行距離が短いため、<u>長距離運転には向いていません</u>。また、ガソリンで走る自動車に比べると速度も落ちていますので、<u>スピードを楽しむことが好きな方にもおすすめしません</u>。なので、<u>短距離で、特に車の多い都心部を運転する方</u>に最も向いていると言えます。

해석 F：전기 자동차는 연비가 좋고 환경 부담이 적은 점에서 환경 문제의 해결책으로서 주목받고 있습니다. 업계에서의 관심도 높아, 비싼 개발비에도 불구하고 많은 자동차 회사에서 경쟁적으로 전기 자동차를 발매하고 있습니다. 단, 전기 자동차는 주행거리가 짧기 때문에 장거리 운전에는 적합하지 않습니다. 또, 가솔린 자동차에 비하면 속도도 떨어지므로, 스피드를 즐기는 것을 좋아하는 분에게도 추천하지 않습니다. 그러므로, 단거리로, 특히 차가 많은 도심부를 운전하는 분께 가장 적합하다고 말할 수 있습니다.

DAY 15

1 ②

2 F：志望理由書を書く上で最も重要なことは、「学校の求めている人材」であることをアピールすることです。すべての大学は、それぞれ目標とする方向が異なります。当然、育成しようとする人材も大学ごとに違うわけです。だから、目標とする大学に合格するためには、その大学でどのような人材を育成しようとしているかを把握するべきです。

해석　F：지망 이유서를 쓸 때 가장 중요한 것은 '학교가 원하는 인재'인 것을 어필하는 것입니다. 모든 대학은 각각 목표로 하는 방향이 다릅니다. 당연히, 육성하고자 하는 인재도 대학별로 다릅니다. 그러므로 목표로 하는 대학에 합격하기 위해서는, 그 대학에서 어떠한 인재를 육성하고자 하는가를 파악해야만 합니다.

3 ④

4 M：先生、論文のテーマで相談したいことがありますが…。
F：あ、目黒くん。悪いけど、当分、論文に関する質問がある場合は、森本教授に聞いてもらえるかしら。
M：え、何かあるのですか。
F：うん、2カ月ほど海外研修に行くのでね。申し訳ないけど、その間は、森本先生がゼミを担当してくれることになったのよ。
M：そうなんですか！確かに、今回の先生の論文は、日本ばかりか、世界で好評でしたからね。おめでとうございます。
F：そこまでではないけど、ありがとう。最初は行くかどうか迷ったけど、向こうの大学で研修費用をすべて負担してくれると言うし、短期間だからいいかなと思ってね。
M：それはいいですね。でも、どうしても先生に質問したいことがあった時は、メールしてもよろしいですか。
F：うん、もちろん。時差があるだろうから、返事はちょっと遅くなるかもしれないけどね。
M：ありがとうございます。

해석　M：선생님, 논문 주제로 상담하고 싶은 것이 있는데요.
F：아, 메구로 군. 미안하지만, 당분간 논문에 대한 질문이 있을 때는, 모리모토 교수님에게 물어봐줄래?
M：앗, 무슨 일 있으세요?
F：응, 두 달 정도 해외 연수에 가서 말이야. 미안하지만, 그동안은 모리모토 선생님이 제미를 담당해 주시기로 했어.
M：그러시군요! 확실히, 이번 선생님의 논문은 일본뿐만 아니라 세계에서 호평을 받았으니까요. 축하드려요.
F：그렇게까지는 아니지만, 고마워. 처음에는 갈까 말까 망설였는데, 저쪽 대학에서 연수 비용을 전부 부담한다고 하고, 단기간이니까 괜찮겠다 싶어서.
M：그건 좋네요. 하지만, 아무래도 선생님께 질문하고 싶을 때는 메일해도 될까요?
F：응, 그럼. 시차가 있을 테니까, 답장은 조금 늦을지도 모르지만 말이야.
M：감사합니다.

DAY 16

1 1 ① 2 ②

2 1 M：中村さん、今日中にこの仕事をしてもらえないかな。
   F：1 　<u>今日中までには少し…</u>。
   　　2 　すみません、遅くなりました。
   　　3 　はい、今から向かいます。

　2 F：よければ、今日のお昼、一緒にいかがですか。
   M：1 　何時にお聞きしましょうか？
   　　2 　<u>よろしければ、ぜひ</u>。
   　　3 　何時にそちらに伺いますか。

해석 1 M：나카무라 씨, 오늘 중에 이 일을 해 줄 수 없을까?
   F：1 　오늘 중에는 좀…
   　　2 　죄송해요, 늦어졌습니다.
   　　3 　네, 지금부터 그리로 향하겠습니다.
   2 F：괜찮다면 오늘 점심 함께 어떠세요?
   M：1 　몇 시에 여쭤볼까요?
   　　2 　괜찮으시다면, 부디.
   　　3 　몇 시에 그쪽으로 갈까요?

DAY 17

1 1 ① 2 ①

2 1 F：第1志望の企業に入社できて、うれしくてしょうがないよ。
   M：1 　<u>おめでとう、頑張ったかいがあったね</u>。
   　　2 　いいことでもあったの？
   　　3 　何がしょうがないの？

　2 M：まだ中学生なのに料理ができるって偉いね！
   F：1 　<u>料理ができるといっても、インスタントラーメンくらいですけどね</u>。
   　　2 　料理が上手になりたいです。
   　　3 　誰が料理ができるんですか？

해석 1 F：제1지망 기업에 입사할 수 있어서 너무 기뻐.
   M：1 　축하해. 노력한 보람이 있었네.
   　　2 　좋은 일이라도 있었어?
   　　3 　뭐가 어쩔 수 없어?
   2 M：아직 중학생인데 요리를 할 수 있다니 대단하네!
   F：1 　요리를 할 수 있다고 해도, 인스턴트 라면 정도지만요.
   　　2 　요리를 잘하고 싶어요.
   　　3 　누가 요리를 할 수 있어요?

DAY 18

1 **1** ② **2** ①

2 **1** M：ただいま店内工事中につき、本日は休業させていただきます。
　　　　F：1　おめでとうございます。
　　　　　　2　<u>あら、残念だわ。</u>
　　　　　　3　工事はいつからですか？
　　2 F：この音楽を聴くにつけて、中学3年の夏を思い出すよ。
　　　　M：1　<u>何かいい思い出でもあった？</u>
　　　　　　2　私は中学生の時、東京へ引っ越したよ。
　　　　　　3　最近の中学生は大変だね。

해석 1 M：현재 점내 공사 중이므로, 금일 휴업합니다.
　　　　F：1　축하드립니다.
　　　　　　2　어머나, 아쉽네요.
　　　　　　3　공사는 언제부터예요?
　　　2 F：이 음악을 들을 때마다, 중학교 3학년 여름이 떠올라.
　　　　M：1　뭔가 좋은 추억이라도 있었어?
　　　　　　2　나는 중학생 때, 도쿄에 이사 왔어.
　　　　　　3　요즘 중학생은 힘들겠다.

DAY 19

1 **1** ① **2** ②

2 **1** M：私は4年間、日本の大学に通っていました。
　　　　F：1　<u>どうりで日本語がお上手なんですね。</u>
　　　　　　2　日本の大学に行きたいですか？
　　　　　　3　日本の大学と韓国の大学の違いは何ですか？
　　2 M：地震に備えて、いろいろ非常食を買ったんだ。
　　　　F：1　非常食っておいしいの？
　　　　　　2　<u>いいね。私も災害に備えて買っておこうかな。</u>
　　　　　　3　地震が起きたの？

해석 1 M：나는 4년간 일본 대학을 다녔어요.
　　　　F：1　그래서 일본어를 잘하는군요.
　　　　　　2　일본 대학에 가고 싶어요?
　　　　　　3　일본 대학과 한국 대학의 차이는 뭔가요?
　　　2 F：지진에 대비해서, 여러 가지 비상식품을 샀어.
　　　　M：1　비상식품은 맛있어?
　　　　　　2　좋네. 나도 재해에 대비해서 조금 사 둘까.
　　　　　　3　지진이 일어났어?

DAY 20

1 ① ① ② ③ ③ ① ④ ②

2 ① M：ごめん、今月はスケジュールがいっぱいで、どうしても会えないよ。
　　F：1　<u>そんなにぎっしり詰めてるの？無理しないでね。</u>
　　　　2　スケジュールを見てみるね。
　　　　3　今月は予定があまりないんだね。

② F：会議室の雰囲気を変えたいけど。
　　M：1　会議室、なくなるのですか？
　　　　2　会議室、変わりましたか？
　　　　3　<u>壁の色を明るいのにしたらどうですか？</u>

③ M：部長、報告書、できました。
　　F：1　<u>そこに置いといて。後で見るから。</u>
　　　　2　報告書、書いてくれる？
　　　　3　それは真田(さなだ)さんにしてもらったんだ。

④ F：明日、日本語能力試験ね。勉強した？
　　M：1　明日、日本語能力試験なの？
　　　　2　<u>いや、教科書すらまともに読んでいないよ。</u>
　　　　3　もう試験は受けたよ。

해석

① M：미안해, 이번 달은 스케줄이 꽉 차서, 아무리 해도 만날 수가 없어.
　　F：1　그렇게 꽉 차 있어? 무리하지 마.
　　　　2　스케줄을 봐 볼게.
　　　　3　이번 달은 예정이 별로 없구나.

② F：회의실 분위기를 바꾸고 싶은데.
　　M：1　회의실, 없어지나요?
　　　　2　회의실 바뀌었나요?
　　　　3　벽의 색을 밝은 것으로 하면 어때요?

③ M：부장님, 보고서 다 됐습니다.
　　F：1　거기에 둬. 나중에 볼게.
　　　　2　보고서 써 줄래?
　　　　3　그건 사나다 씨가 해 주었어.

④ F：내일 일본어 능력 시험이네. 공부했어?
　　M：1　내일 일본어 능력 시험이야?
　　　　2　아니, 교과서조차 제대로 읽지도 않았어.
　　　　3　이미 시험은 봤어.

DAY 21

1 ④

2 F：すみません、パートのお仕事を紹介してもらいたいです。<u>できれば接客業がいいんですが、なかったら他の仕事もいいです。時給はできたら1,000円以上で、週3〜4日働けたらいいと思っています。</u>

M：ええと、そうですね。ご希望の条件に当てはまるのは4つございます。まず、こちらのスーパーマーケットですが、時給は950円で、週4日働くことになります。夜8時からは時給が100円アップされます。あと、花園高校の近くにあるコンビニですね。時給は900円で、週3日来られる方希望だそうです。早朝は時給が150円アップされます。

F：どっちも条件はいいですね。迷うな。

M：それから、ちょっと遠くなりますが、花沢大学の近くのレストランもあります。時給は1,200円で、仕事内容としては、接客で、注文を受けたり、レジでお会計をしたり、料理を出したりすることですね。ただ、土日を含めて週4日以上だそうです。

F：土日ですか…。他にもありますか？

M：そして、岩田神社の近くにある定食屋さんです。時給は一番高くて、1,300円です。仕事内容は一応キッチンのヘルプだそうです。勤務日数を自由に決められるというのが一番のメリットですね。

F：そうですね…。子どもがいるので土日や早朝は無理ですね。そしてできるだけ時給が高いのがいいので…。これにします。

해석

F：실례합니다. 파트 일을 소개해 주셨으면 해서요. 될 수 있으면 접객업이 좋은데요, 없으면 다른 일도 괜찮아요. 시급은 될 수 있으면 1,000엔 이상으로, 주 3~4일 일할 수 있으면 좋겠어요.

M：음, 그렇군요. 희망하시는 조건에 부합하는 것은 4개 있습니다. 먼저, 이 슈퍼마켓인데요, 시급은 950엔이고 주 4일 일하게 됩니다. 밤 8시부터는 시급이 100엔 인상됩니다. 또, 하나조노 고등학교 근처의 편의점입니다. 시급은 900엔이고, 주 3일 오실 수 있는 분을 희망한다고 합니다. 이른 아침 시간대는 시급이 150엔 인상됩니다.

F：어느 쪽도 조건은 좋네요. 고민되네.

M：그리고, 조금 멀어지지만, 하나자와 대학 근처의 레스토랑도 있습니다. 시급은 1,200엔이고 업무 내용으로는 접객으로, 주문을 받거나 계산을 하거나, 요리를 내거나 하는 거네요. 단, 주말을 포함해서 주 4일 이상이라고 해요.

F：주말인가요…. 또 있나요?

M：그리고, 이와타 신사 근처에 있는 정식집입니다. 시급은 가장 높은 1,300엔이고, 업무 내용은 일단 주방 보조라고 합니다. 근무 일수를 자유롭게 정할 수 있다는 것이 가장 큰 메리트네요.

F：그렇군요… 아이가 있어서 주말이나 이른 아침은 무리예요. 그리고 될 수 있는 한 시급이 높은 게 좋으니까…. 이걸로 할게요.

1 ②

2 M：あーどうしよう。大変だ。

F：どうしたの？

M：それが、数学の個人レッスンのアルバイトをお願いされたんだけど、どうしようかと迷ってね。

F：あんた、数学得意じゃない。何が心配なの？大学でも数学、勉強しているじゃん。

M：中学まではできるんだよ。でも、高校生だからね…。入試の数学なんて、教えられる自信ないし、入試に落ちたらそれも怖いし。それに、僕って専攻が経済学だから少しできるだけ、あまり詳しくはないんだよ。

F：じゃ、お断りするしかないね。

M：…やっぱり受け取ってみようかな。友達の中に、とても数学が得意な人がいるから、その人に頼んでみるよ。高校時代の教科書もまだ持っているし。大変だろうけど、数学にもっと詳しくなれば、大学の勉強にも役立つだろうし。この際に、きちんと勉強しておくことも悪くはないかも。

F：偉いね。頑張って！

해석
M：아- 어떡하지. 큰일이다.
F：무슨 일이야?
M：그게 말이지, 수학 개인 과외 아르바이트를 부탁받았는데, 어떡할지 고민되어서.
F：너, 수학 잘하잖아. 뭐가 걱정이야? 대학에서도 수학 공부하고 있잖아.
M：중학 과정까지는 가르칠 수 있어. 하지만 고등학생이라서 말이야…. 입시 수학 같은 거, 가르칠 자신도 없고, 입시에 떨어지면 그것도 무섭고 말이야. 게다가, 나 전공이 경제학이라서 조금 할 수 있는 것뿐이고 별로 잘 알지는 않아.
F：그럼, 거절할 수밖에 없겠네.
M：…역시 해볼까. 친구 중에 정말 수학 잘하는 애가 있으니까, 걔한테 부탁해 볼게. 고등학교 때 교과서도 아직 갖고 있고. 힘들겠지만, 수학을 좀 더 자세하게 알게 되면, 대학 공부에도 도움 될 거고. 이번 기회에 제대로 공부해 두는 것도 나쁘지 않을지도 몰라.
F：대단하네. 힘내!

1 ④

2 ③

3 M：今日は、放置されているシェアキックボードの撤去を一緒にしたいと思います。よく苦情が寄せられている地域の現状を説明しますので、説明の後、グループに分かれて撤去していただければと思います。まず、山中通りです。ここは近くに小学校がありますが、そこの歩道によくキックボードが置かれているとのことです。ここは歩道が狭く、車がよく通りますので、安全面を心配する声が多いです。次は西城通りです。ここは、駅前の大通りで、歩道のあちこちにキックボードが置き去りにされていて、出勤時間に危ないという苦情が入っています。次は川沿いの淀川通りで、ここは運動している人が多いですが、放置されたキックボードにぶつかってケガする人が多いらしいです。最後は恵比寿通りです。ここは商店街ですが、入り口にたくさんの放置キックボードがあって、通行に差し支えがあるということで、対策が求められています。

F1：安田さん、どこにする？この前、子どもの学校に行ったら、車も多いのにキックボードのせいで子どもたちが車道で歩いていたの。

F2：それは危ないね！私も、子どもがそろそろ小学校に上がる頃だから、そこは心配になるわ。じゃ、石田さんは小学校に、ってことよね？
F1：うん、そうしようと思う。一緒に行く？
F2：あ、私は、電車で出勤してるから、そこの問題にも興味があるんだよね。
F1：ああ、安田さんは確かに毎日、駅通るもんね。じゃ、別々に回ろうか。

해석 M：오늘은 방치되어 있는 공유 킥보드 철거를 함께 하고자 합니다. 자주 컴플레인을 받고 있는 지역의 현재 상태를 설명할 테니, 설명을 들으신 후 그룹으로 나뉘어서 철거해 주셨으면 합니다. 먼저, 야마나카 거리입니다. 여기는 근처에 초등학교가 있는데요, 그곳 인도에 자주 킥보드가 놓여 있다고 합니다. 여기는 인도가 좁고, 자동차가 자주 지나다니기 때문에 안전을 걱정하는 목소리가 높습니다. 다음은 사이죠 거리입니다. 이곳은 역 앞 대로로, 인도 여기저기에 킥보드가 방치되어 있어 출근 시간에 위험하다는 컴플레인이 들어오고 있습니다. 다음은 강가의 요도가와 거리로, 이곳은 운동하는 사람이 많은데요, 방치된 킥보드에 부딪혀서 부상을 입은 사람이 많다고 합니다. 마지막 에비스 거리입니다. 이곳은 상점가인데요, 입구에 방치된 킥보드가 많아, 통행에 지장이 되고 있어 대책이 요구되고 있습니다.
F1：야스다 씨, 어디로 할까? 요전에 아이 학교에 갔더니, 차도 많은데 킥보드 때문에 아이들이 차도로 걸어가고 있었어.
F2：그건 위험하네! 나도 슬슬 아이가 초등학교에 갈 시기이니까 그 점은 걱정되네. 그럼 이시다씨는 초등학교라는 거지?
F1：응. 그러려고. 같이 갈래?
F2：아, 나는 전철로 출근하니까, 그쪽 문제에도 관심이 있어.
F1：아, 그러게, 야스다 씨는 매일 역을 지나가잖아. 그럼, 따로따로 돌까?

DAY 24

1 ③

2 F：ね、あなた、そろそろ新しいドライヤーを買いたいんだけど。
M：そうか。最近調子悪かったからな。じゃ、ショッピングモールにでも行こうか。
F：その前に、私がリストアップしたのがあるから、先にそれ聞いてくれない？
M：リストアップまで？すごいね。どうぞ。
F：一つ目は、今のと全く同じサイズで、折りたたみ式なの。風量も同じくらいだって。でも一番安いよ。6,000円。二つ目は、前よりちょっと大きいけど、風の種類と風量を選ぶことができるんだよ。これは、7,500円。でもこれは折りたためないよ。
M：今のと全く同じのはやめよう。それ、乾かすのに時間かかりすぎるからな。
F：私は、折りたためるのが気に入っていたけどね。次は、16,500円で一番高いけど、折りたたむこともできるし、風量や種類も5段階で選べるんだよね。髪の毛が早く乾くんだって。最後のは、10,000円だけど、サイズがちょっと大きめで風量も選べないんだって。折りたたむことはできるらしいよ。
M：どうせ買うんだったら、少し高くても早く乾くのがいいな。それに、コンパクトで保管しやすいところがいいと思うよ。
F：わかった。じゃ、これにするね。

해석 F : 있지, 여보, 슬슬 새 드라이어를 사고 싶은데.
     M : 그러네. 요즘 드라이어 상태 나빴으니까. 그럼, 쇼핑몰이라도 갈까?
     F : 그전에 내가 목록을 만들어 둔 게 있으니까, 그걸 먼저 들어 볼래?
     M : 목록까지 만들었어? 대단하네. 말해 봐.
     F : 첫 번째는, 전의 거랑 같은 사이즈고, 접이식이야. 풍량도 비슷하대. 하지만 가장 싸. 6,000엔. 두 번째는 전보다 조금 큰데, 바람 종류랑 풍량을 고를 수 있대. 이건 7,500엔이야. 하지만 이건 접을 수 없어.
     M : 전에 거랑 똑같은 건 사지 말자. 그거, 말리는 데 시간이 너무 걸리니까.
     F : 나는 접이식인 게 좋았는데. 다음은 16,500엔으로 제일 비싸긴 한데 접을 수도 있고 풍량이나 종류도 5단계로 고를 수 있대. 머리가 빨리 마른대. 마지막은 10,000엔인데, 사이즈가 좀 큼지막하고 풍량도 고를 수 없대. 접을 수는 있다는 것 같아.
     M : 어차피 살 거라면 조금 비싸도 빨리 마르는 쪽이 좋아. 게다가 컴팩트해서 보관하기 좋은 점이 좋은데?
     F : 알겠어. 그럼 이걸로 할게.

DAY 25

1 ④

2 F1 : 本日のランチセットは、コーンスープにマルゲリータピザ、クリームパスタとシーザーサラダですって。おいしそうですね。
    M : え、コーンスープか。僕、コーンが食べられないです…。
    F1 : じゃ、コーンスープだけ変えてもらったらいかがですか？あの、すみませーん。
    F2 : はい、ご注文承ります。
    M : あの、ランチセットのコーンスープ、他のものに変えてもらえるんですか？食べられなくて…。
    F2 : そうですね。でしたら、普通のクリームスープやマッシュルームスープ、トマトスープの中でお選びいただけますが。ただし、トマトスープをお選びの場合、200円の追加料金がございます。
    M : トマトスープいいな。じゃ、それでお願いします。
    F2 : かしこまりました。他は大丈夫ですか？
    F1 : はい、大丈夫です。ランチセット2つお願いします。
    F2 : すぐにお持ちいたします。

해석 F1 : 오늘 런치 세트는 콘 스프에 마르게리타 피자, 크림 파스타와 시저 샐러드래요. 맛있겠네요.
     M : 앗, 콘 스프. 저, 옥수수 못 먹어요….
     F1 : 그럼, 콘 스프만 바꾸면 어때요? 저기요.
     F2 : 네, 주문받겠습니다.
     M : 저기 런치세트의 콘 스프, 다른 걸로 변경할 수 있나요? 못 먹어서요….
     F2 : 그러시군요. 그러시다면 일반적인 크림 스프나 양송이 스프, 토마토 스프 중에서 고르실 수 있어요. 단, 토마토 스프를 고르실 경우에는 200엔의 추가 요금이 있습니다.
     M : 토마토 스프 괜찮겠다. 그럼 그걸로 할게요.
     F2 : 알겠습니다. 다른 건 괜찮으신가요?
     F1 : 네, 괜찮아요. 런치 세트 두 개 주세요.
     F2 : 바로 가져다드리겠습니다.

3 ②

4 ④

5 F1：今回の教育実習では、ご希望の学年をお選びいただくことが可能です。1年生、もしくは2年生が良いという方は、「低学年」に申し込んでください。3年生、もしくは4年生が良い方は、「中学年」に申し込んでください。「中学年」ですよ。「高学年」ではないので気をつけてくださいね。高学年は「中学受験コース」と「一般コース」の二つに分かれていますので、中学受験の指導を経験してみたい方は、「中学受験コース」をお選びください。申し込みの締め切りは来週の月曜日ですので、くれぐれも遅れないようにしてください。

F2：どれにする？私は、低学年にしようかな。

M：え？大変じゃないかな。1年生とか2年生は、世話しなきゃいけないことがいっぱいあるって、この前先輩から聞いたよ。トイレの世話もしなくちゃいけないんだって。

F2：だけど…、子ども好きだし、低学年からしっかり経験を積みたいんだよね…。

M：実習は2週間だけだから、そんなに経験を積むことはできないと思うよ。中学年の方が、世話することも少なくて、楽じゃないかな。

F2：それもそうね。じゃ、そうするわ。あなたは？

M：僕はもともと高学年に興味があってね…。それに、受験を目標とするクラスの雰囲気はどうか気になることもあるし。こっちにしようかな。

F2：あなたにぴったりだと思うよ。

해석 F1：이번 교생실습에서는 희망하는 학년을 고르실 수 있습니다. 1학년 또는 2학년이 좋은 분은 '저학년'에 신청해 주세요. 3학년 또는 4학년이 좋은 분은 '중학년'에 신청해 주세요. '중학년'입니다. '고학년'이 아니므로, 주의해 주세요. 고학년은 '중학 수험 코스'와 '일반 코스'의 두 가지로 나뉘어 있기 때문에, 중학 수험 지도를 경험해 보고 싶은 분은 '중학 수험 코스'를 선택해 주세요. 신청 마감은 다음 주 월요일이므로 아무쪼록 늦지 않도록 해 주세요.

F2：뭐로 할 거야? 나는 저학년으로 할까 봐.

M：어? 힘들지 않을까? 1학년이나 2학년은, 돌봐야 할 게 많다고 요전에 선배한테 들었어. 화장실 교육도 해야 한대.

F2：그렇지만… 아이 좋아하기도 하고, 저학년부터 제대로 경험을 쌓고 싶거든.

M：실습은 2주뿐이니까, 그렇게 경험을 쌓을 수는 없다고 생각해. 중학년 쪽이 돌볼 것도 적고 편하지 않을까?

F2：그것도 그렇겠다. 그럼 그렇게 할게. 너는?

M：나는 원래 고학년에 흥미가 있어서…. 게다가, 수험을 목표로 하는 반 분위기는 어떤지 궁금하기도 하고. 이쪽으로 할까 봐.

F2：너한테 정말 잘 어울린다고 생각해.

DAY 26　1番　3

会社で、男の人と女の人が話しています。男の人は、このあと何をしますか。

M：森岡さん、ちょっといい？

F：どうしたの？

M：それが、僕もうすぐイギリスへ出張に行くけど、何を持っていけばいいかわからなくて。森岡さん、イギリス出張行ったことあるよね？ちょっとアドバイスしてもらえないかな。

F：あ、いいよ。まずはね…、会社のパンフレットとか持った？

M：うん、それはいっぱい詰めていくつもり。

F：いいね。それと、名刺もできるだけ多く持って行った方がいいよ。向こうではよく使うんだけど、途中でなくなって困ったことがあったって、先輩に聞いたことあるよ。

M：え、取引先に渡す分だけあればいいと思ったんだ。

F：それが、そうじゃないんだよね。確かに私も、取引先以外の会社も回ることになって、その時名刺があってよかった、と思ったことあるわ。

M：わかった。そうする。

F：あと、この時期のイギリス、とても寒いから、できれば温かい服をたくさん持って行って。それと、道迷いやすいから、イギリスの地図もね。

M：うん、それはしっかり準備してある。ありがとう。

男の人は、このあと何をしますか。

해석 회사에서 남자와 여자가 이야기하고 있습니다. 남자는 이 이후에 먼저 무엇을 합니까?

M : 모리오카 씨, 잠깐 괜찮아?

F : 무슨 일이야?

M : 그게, 나 곧 영국으로 출장을 가는데 뭘 가져가면 좋을지 몰라서. 모리오카 씨 영국 출장 간 적 있지? 조언 좀 해 줄 수 있을까?

F : 아, 좋아. 우선은…. 회사 팸플릿 챙겼어?

M : 응. 그건 꽤 많이 챙겨서 갈 거야.

F : 좋아. 그거랑 명함도 가능한 한 많이 챙겨가는 편이 좋아. 거기서는 명함을 많이 쓰는데, 중간에 떨어져서 곤란한 적이 있었다고 선배에게 들었어.

M : 어, 거래처에 건네줄 만큼만 있으면 될 거라고 생각했어.

F : 그게, 아니더라고. 확실히 나도 거래처 외의 회사도 돌게 되어서, 그때 명함이 있어서 다행이라고 생각한 적이 있어.

M : 알겠어. 그렇게 할게.

F : 그리고, 이 시기의 영국은 매우 추우니까, 되도록 따뜻한 옷을 많이 챙겨가. 그리고, 길을 잃기 쉬우니까 영국 지도도.

M : 응. 그건 제대로 준비했어. 고마워.

남자는 이 이후에 먼저 무엇을 합니까?

2番 4

大学で、女の人と男の人が話しています。女の人は、これから何をしなければなりませんか。

M：来月の連休に旅行に行こうと思ってるんだけど、一緒に行かない？
F：え？そうなの？いいね！どこに行くの？
M：まだ決まってないけど、沖縄とかどう？
F：沖縄いいね！ちょうど、暑くなる時期だし、海で泳いだら最高に楽しそう！だけど、飛行機代、高くないかな。
M：大丈夫。早めに予約すれば安い航空券があるかもしれないよ。
F：そうだね。あと、ホテルも探さなきゃいけないね。
M：そうだよな。リゾートにするか、繁華街にあるホテルにするか、迷うね。
F：あと、沖縄っていろんな観光スポットがあるから、予定立てるのが大変かも。
M：食べるのも大事だよ。せっかく沖縄に行くんだから、沖縄料理を楽しみたいな。
F：それもいいね！じゃあ、私がリサーチしておいて、また話し合おうよ。
M：オッケー。僕は、ホテルを探してみるね。

女の人は、これから何をしなければなりませんか。

해석 대학에서 여자와 남자가 이야기하고 있습니다. 여자는 앞으로 무엇을 해야만 합니까?

M：다음 달 연휴에 여행을 가려고 하는데, 같이 가지 않을래?
F：어? 그래? 좋네! 어디 갈 건데?
M：아직 정하지 않았는데, 오키나와 어때?
F：오키나와 좋네! 딱 더워질 시기이고, 바다에서 수영하면 최고로 즐거울 것 같아! 그렇지만 비행기 값 비싸지 않을까?
M：괜찮아, 빨리 예약하면 싼 항공권이 있을지도 몰라.
F：그렇네. 그리고, 호텔도 찾아야겠다.
M：그렇지. 리조트로 할까, 번화가에 있는 호텔로 할까 고민되네.
F：또, 오키나와는 여러 관광지가 있으니까, 예정 세우는 거 힘들지도 몰라.
M：먹는 것도 중요해. 기왕 오키나와에 가는 거니까, 오키나와 요리를 즐기고 싶어.
F：그것도 좋겠다! 그럼, 내가 찾아보고 또 얘기하자.
M：좋아. 나는 호텔을 찾아볼게.

여자는 앞으로 무엇을 해야만 합니까?

DAY 27

1番 1

女の人が友だちと話しています。女の人によると、この手帳が作られた理由は何ですか？

F1：あ、あった、あった。私、これにしよう。

F2：え？変わったデザインの手帳だね。なんかいっぱい、外国の子ども
　　たちの顔が写ってる。
F1：うん、これね、「ワールド手帳」と言ってね、アフリカとか中東などの
　　子どもたちを支援する団体が作っているんだよ。見て、子どもたちの
　　笑顔が素敵でしょ？
F2：いいとは思うけど、でもどうしてこれなの？もっといろんな機能が付
　　いていて、かわいいデザインの手帳もあるじゃん。
F1：いや、これがいいの。これね、この手帳を買うと、売り上げの10％が
　　アフリカや中東の子どもたちのために使われるんだって。学校がない
　　ところに学校を作るとか、水不足なところに井戸を作るとかね。戦争
　　とかで家がなくなった子どもたちには、家も作ってあげるんだって。
F2：へぇ、いいね。私も、それにしようかな。
F1：絶対おすすめだよ！じゃ、2つ買おうね。

女の人によると、この手帳が作られた理由は何ですか？

해석 여자가 친구와 이야기하고 있습니다. 여자에 의하면 이 수첩이 만들어진 이유는 무엇입니까?

F1：아, 있다, 있어. 나 이걸로 할래.
F2：응? 독특한 디자인의 수첩이네. 뭔가 엄청 외국 어린이들의 얼굴이 찍혀 있어.
F1：응, 이거, '월드 수첩'이라고 해서, 아프리카나 중동 등의 어린이들을 지원하는
　　단체에서 만들고 있어. 봐, 어린이들의 웃는 얼굴이 멋지지?
F2：좋다고는 생각하는데, 하지만 왜 이거야? 좀 더 여러 가지 기능이 있고, 귀여운
　　디자인인 수첩도 많잖아.
F1：아니, 이게 좋아. 이거, 이 수첩을 사면, 매출의 10％가 아프리카나 중동의
　　어린이들을 위해 쓰인대. 학교가 없는 곳에 학교를 지어 주거나, 물이 부족한 곳에
　　우물을 만들거나. 전쟁 등으로 집이 없어진 어린이들에게는 집도 지어 준대.
F2：우와, 좋네. 나도 그걸로 할까 봐.
F1：진짜 추천해! 그럼 두 개 사자.

여자에 의하면 이 수첩이 만들어진 이유는 무엇입니까?

2番　4

大学で、女の人と男の人が話しています。佐藤さんは、どうして入院しましたか？

M：佐藤さん、入院したんだって。
F：え、入院？どうしたんだろう。あの人、甘いもの大好きだからね、体を
　壊したかもしれないね。
M：いや、そうじゃなくて、事故にあったらしいよ。
F：あっちゃー。あの人スクーターで学校通ってるからね。バイク事故な
　のかしら。

M：ううん、違うよ。朝、学校行こうとして家を出たら、車に足をひかれたらしくて。

F：え！い、痛い…。

M：うん、だから手術したらしいよ。手術時間、結構長くかかったみたい。

F：あらら。お見舞いに行かなくちゃ。

M：そうしよう。

佐藤さんは、どうして入院しましたか？

해석 대학에서 여자와 남자가 이야기하고 있습니다. 사토 씨는 왜 입원했습니까?

M：사토 씨 입원했대.

F：어, 입원? 무슨 일이지? 그 사람 단 거 좋아하니까, 몸이 망가진 것일지도 몰라.

M：아니, 그게 아니고, 사고가 났대.

F：아이고. 그 사람 스쿠터로 학교 다니니까. 오토바이 사고려나?

M：그게 아니야. 아침에 학교 가려고 집을 나섰는데, 자동차에 발을 치였대.

F：헉! 내가 다 아프다….

M：응. 그래서 수술했다는 것 같아. 수술 시간, 오래 걸렸대.

F：저런. 문병 가야겠다.

M：그러자.

사토 씨는 왜 입원했습니까?

DAY 28

1番 4

テレビで、アナウンサーが話しています。

F：皆さん、名古屋といえば、どんな料理があるのでしょうか。多くの方が「台湾ラーメン」や「ひつまぶし」を挙げると思いますが、実は、名古屋には、「名古屋モーニング」というものもあります。これは、名古屋の喫茶店で朝食メニューとして提供されているものですが、コーヒーを注文すると、コーヒー一杯の値段でトーストと茹で卵まで召し上がることができる、とてもお得なコーヒーセットです。ぜひ、名古屋旅行の際は、皆さんも喫茶店で名古屋モーニングを楽しんでみてください。

アナウンサーは、何について話していますか。

1　名古屋の観光名所
2　名古屋のおいしいラーメン
3　名古屋大人気のひつまぶし店
4　名古屋の独特な朝食文化

해석 TV에서 아나운서가 이야기하고 있습니다.

F : 여러분, 나고야라고 하면 어떤 요리가 있을까요? 많은 분이 '대만 라멘'이나 '히츠마부시(장어덮밥)'를 말할 것이라고 생각하는데요, 사실은 나고야에는 '나고야 모닝'이라는 것이 있습니다. 이것은 나고야의 카페에서 조식 메뉴로 제공되고 있는 것인데요, 커피를 주문하면 커피 한 잔 가격으로 토스트와 삶은 달걀까지 드실 수 있는 매우 경제적인 커피세트입니다. 나고야 여행을 하실 때는 꼭 여러분도 카페에서 나고야 모닝을 즐겨 보세요.

아나운서는 무엇에 대해 이야기하고 있습니까?

1 나고야의 관광 명소
2 나고야의 맛있는 라멘
3 나고야에서 인기 있는 히츠마부시(장어덮밥) 가게
4 나고야의 독특한 조식 문화

2番 1

トレーナーが、ダイエットについて話しています。

M：ダイエットをする時、最も気をつけなければならないことは何でしょう。それは、急激に食べる量を減らすことです。たまに、「食べないと早く痩せるんですか？」と聞いてくる方もいらっしゃいますが、何も食べずダイエットするのは、大変危険です。なぜなら、何も食べないということは結局、体を動かすエネルギーが全くないということですので倒れるかもしれませんし、何よりも我慢できず何かを食べてしまった場合、逆にリバウンドし、食べる前よりも太ってしまうからです。それは大変危ないですので、できれば、タンパク質と脂肪、炭水化物をきちんと摂りながら、運動を頑張りましょう。それが一番簡単なダイエット方法なのです。

トレーナーが最も言いたいことは何ですか。

1 断食ダイエットの危険性
2 運動の重要性
3 手軽なダイエット方法
4 おすすめのダイエット方法

해석 트레이너가 다이어트에 대해 이야기하고 있습니다.

M : 다이어트를 할 때, 가장 주의해야 하는 것은 무엇일까요? 그것은 급격하게 먹는 양을 줄이는 것입니다. 가끔 '안 먹으면 빨리 살이 빠지나요?' 하고 묻는 분도 계십니다만, 아무것도 먹지 않고 다이어트를 하는 것은 굉장히 위험합니다. 왜냐하면, 아무것도 먹지 않는다는 것은 결국, 몸을 움직이는 에너지가 전혀 없다는 것이므로 쓰러질지도 모르고, 무엇보다도 참지 못하고 무언가를 먹어 버릴 경우, 거꾸로 요요 현상이 와서 먹기 전보다도 살이 쪄 버리기 때문입니다. 그것은 정말 위험하므로, 될 수 있다면 단백질과 지방, 탄수화물을 제대로 섭취하면서 운동을 열심히 합시다. 그게 가장 손쉬운 다이어트 방법이에요.

트레이너가 가장 말하고자 하는 것은 무엇입니까?

1 단식 다이어트의 위험성
2 운동의 중요성
3 손쉬운 다이어트 방법
4 추천하는 다이어트 방법

DAY 29

1番 1

F：1,000円がなくなったくらいで、そんなに泣くことはないでしょう。
M：1　子どもにとっては、1,000円は大金なんだから、泣くのも当然だよ。
　　2　1,000円貸してくれる？
　　3　子どもであっても、怒る時はちゃんと怒らなくちゃ。

 F：1,000엔이 없어진 정도로 그렇게 울 건 없잖아.
M：1　아이에게는 1,000엔은 큰돈이니까, 우는 것도 당연해.
　　2　1,000엔 빌려줄래?
　　3　아이라고 해도, 혼낼 때는 제대로 혼내야 해.

2番 3

M：電気つけっぱなしで寝ちゃった。
F：1　電気代は高いね。
　　2　電気消した？
　　3　だめだよ。ちゃんと消してから寝なきゃ。

해석 M：불 켜 두고 자 버렸어.
F：1　전기 요금 비싸네.
　　2　불 껐어?
　　3　안 돼. 제대로 불 끄고 나서 자야지.

DAY 30

1番 2

外国人の男の人と女の人が話しています。

M：うちの国には、デジタルレシートというものがあってね。
F：え？何、それ？
M：アプリなんだけど、物を買うと、そのアプリでレシートが確認できるの。だから、うちの国は、ずいぶん前から紙のレシートは使ってないんだ。
F：へえ！すごいね。でもどうして紙のレシートを使わないんだろう？
M：うん、まず、レシートが紙だと、そのために多くの木を切らなければならないじゃない？でもだいたいレシートって、見てすぐ捨てちゃうじゃん。それがもったいないし環境にもよくない、という声が出てきてね。

F:そうなんだ。
M:それに、レシートに文字を印刷するインクって、体に悪いんだってよ。だから、デジタルレシートは健康にもいいらしいよ。さらに、そのアプリにレシートが自動的に記録されるから、わざわざ家計簿をつけなくてもすむんだよ。支出が確認できるから。
F:環境にもいいし、体も守れるし、それに支出もチェックできるなんて、最高ね。
M:本当それ。

女の人は、デジタルレシートについてどう思っていますか。

1　無駄遣いだから控えた方がいいと思う
2　いろいろなメリットがあっていいと思う
3　紙のレシートじゃないから不安だと思う
4　体に悪いから、よくないと思う。

해석 외국인 남자와 여자가 이야기하고 있습니다.

M : 우리나라에는 디지털 영수증이라는 게 있어.
F : 응? 그게 뭐야?
M : 어플인데, 물건을 사면 그 어플에서 영수증을 확인할 수 있어. 그래서 우리나라는 꽤 전부터 종이 영수증을 사용하고 있지 않아.
F : 와! 대단하네. 하지만 왜 종이 영수증을 쓰지 않는 거야?
M : 음, 먼저, 영수증이 종이면 그것 때문에 많은 나무를 잘라야 하잖아? 하지만 대체로 영수증은 보고 바로 버리잖아. 그게 아깝기도 하고 환경에도 좋지 않다는 의견이 나와서.
F : 그렇구나.
M : 게다가, 영수증에 글자를 인쇄하는 잉크, 몸에 나쁘대. 그러니까, 디지털 영수증은 건강에도 좋다는 것 같아. 또, 그 어플에 영수증이 자동으로 기록되니까, 일부러 가계부를 쓰지 않아도 돼. 지출을 확인할 수 있으니까.
F : 환경에도 좋고, 몸도 지킬 수 있고, 게다가 지출도 체크할 수 있다니, 최고네.
M : 정말 그래.

여자는 디지털 영수증에 대해 어떻게 생각하고 있습니까?

1　낭비이니까 자제하는 편이 좋다고 생각한다
2　여러 가지 이득이 있어 좋다고 생각한다
3　종이 영수증이 아니라서 불안하다고 생각한다
4　몸에 나쁘니까, 좋지 않다고 생각한다

2番 質問1　4
　　　質問2　1

公務員の男の人と女の人がまちづくり研修の講座を聞いています。
F1：この町は、かつて着物職人が多く住んでいた町ですが、着物を着る人が少なくなったことで、次々と空き家が増えてしまい、どんどん活気がなくなってしまいました。それで、一時期人口が昔の3分の1しか残っていなかった時期もあります。しかし、市が一新し、町の再活性化計画を立て、その一つとして安い家賃で若い人に空き家を貸し始めました。そのおかげで、若者の好みに合ったカフェやレストランなど、続々と入店してきました。彼らは伝統家屋の雰囲気をそのまま生かしつつ、モダン的な要素を取り入れた独特なお店を出しています。その結果、町は「雰囲気もいい、SNSに載せたいおしゃれな店がある町」というイメージとなり、雰囲気も一転したのです。これは、見事な町の再活性化の成功例と言えますね。
M：今日ここに来られて本当によかったよ。
F2：本当に。本当の意味での「まちづくり」とは何かわかった気がするね。
M：うん。うちの町にも、もう誰も住んでいない伝統家屋が残っているでしょう。それを使って、うちの町も再復興させたいな。
F2：そうね。うちの町は、歴史あるお寺や神社も多いから、それを見に来た人々が泊まれるところを作ってみるのはどうかな？
M：いいね。外国にもいっぱい宣伝して、日本の伝統を感じてみたい外国人を引き寄せることもできるかもしれないな。
F2：いいアイデアだね。帰ったら、すぐ課長に提案書を出してみるわ。
M：僕は、カフェやレストランなど、飲食店を出すことを計画立ててみようかな。若者が好きそうな店がいっぱいできたら、もっと活気のある町になると思うんだよね。
F2：それもいいね！

質問1　男の人の計画は、どんな店と関係がありますか。
質問2　この町は、どうして町の再活性化を図ったのですか。

해석 공무원 남자와 여자가 마을 꾸미기 연수의 강좌를 듣고 있습니다.

F1 : 이 마을은, 예전에는 기모노 장인이 많이 살던 마을입니다만, 기모노를 입는 사람이 적어진 것으로 인해 차례차례로 빈 집이 늘어, 점점 활기가 없어졌습니다. 그래서 한때 인구가 옛날의 3분의 1밖에 남지 않았던 시기도 있었습니다. 그러나, 시가 새롭게 마을의 재활성화 계획을 세우고, 그 일환으로 싼 가격으로 젊은 사람들에게 빈집을 빌려 주기 시작했습니다. 그 덕에 젊은이들의 취향에 맞춘 카페나 레스토랑 등이 잇달아 입점했습니다. 그들은 전통가옥의 분위기를 그대로 살리면서도 모던한 요소를 도입한 독특한 가게를 열고 있습니다. 그 결과, 마을은 '분위기 좋은, SNS에 올리고 싶은 멋진 가게가 있는 마을'이라는 이미지가 되어 분위기도 확 달라진 것입니다. 이것은, 정말 훌륭한 마을 재활성화의 성공 사례라고 말할 수 있겠네요.

M : 오늘 여기에 올 수 있어서 정말 좋았어.

F2 : 그러게. 진정한 의미의 '마을 정비 계획'이란 무엇인지 알게 된 기분이 들어.

M : 응, 우리 마을에도 이제 아무도 살지 않는 전통 가옥이 남아 있잖아. 그걸 사용해서 우리 마을도 다시 부흥시키고 싶다.

F2 : 그러네. 우리 마을은 역사가 오래된 절이나 신사도 많으니까, 그걸 보러 온 사람들이 묵을 수 있는 곳을 만들어 보는 건 어때?

M : 좋네. 외국에도 많이 광고해서, 일본의 전통을 느껴보고 싶은 외국인을 불러들이는 것도 가능할지 몰라.

F2 : 좋은 아이디어야. 돌아가면, 바로 과장님께 제안서를 내 볼게.

M : 나는, 카페나 레스토랑 같은 음식점을 내는 걸 계획을 세워볼까? 젊은 사람이 좋아할 만한 가게가 많이 생기면, 좀 더 활기찬 마을이 될 거라고 생각해.

F2 : 그것도 좋다!

질문 1. 남자의 계획은 어떤 가게와 관련되어 있습니까?

질문 2. 이 마을은 왜 마을의 재활성화를 계획했습니까?

JLPT N2 독해편 · 청해편

초판 1쇄 발행 | 2025년 1월 1일
지은이 | 윤선아(유이)

감수 | 德竹真衣(토쿠타케 마이), 小川一枝(오가와 카즈에)
디자인 | 백현지

발행인 | 안희철
펴낸곳 | 노이지콘텐츠(주)
출판등록 | 2014년 1월 17일 (등록번호 301-2014-015)
주소 | 서울특별시 금천구 디지털로 178, B동 1612-13호(가산동)
이메일 | info@noisycontents.com

ISBN 979-11-6614-818-7(13730)

* 본 책은 저작권법에 의해 보호를 받는 저작물이므로 무단 전재와 복제를 금합니다.
* 잘못된 책은 구입처에서 교환하여 드립니다.